Das jagdliche Brauchtum

Walter Frevert

Das jagdliche Brauchtum

Jägersprache · Bruchzeichen · Jagdsignale und sonstige praktische Jagdgebräuche in Vergangenheit und Gegenwart

Zwölfte, erweiterte Auflage
neubearbeitet von
Dr. Friedrich Türcke

Mit 43 Abbildungen

Verlag Paul Parey · Hamburg

Die Deutsche Bibliothek – CIP-Einheitsaufnahme

Frevert, Walter:
Das jagdliche Brauchtum : Jägersprache, Bruchzeichen, Jagdsignale und sonstige praktische Jagdgebräuche in Vergangenheit und Gegenwart / Walter Frevert. – 12., erw. Aufl. / neubearb. von Friedrich Türcke. – Hamburg : Parey, 1995
ISBN 3-490-29212-X
NE: Türcke, Friedrich [Bearb.]

Anschrift: Spitalerstraße 12, D-20095 Hamburg
Printed in Germany
Satz: primustype Robert Hurler GmbH, Notzingen
Druck und Bindung: Boyens Offset, Druck- und Verlagshaus, Heide
Umschlaggestaltung: Jürgen Meyer, Hamburg, unter Verwendung eines Fotos von B. Winsmann-Steins, Hoyershausen

ISBN 3-490-29212-X

Vorwort

Kein Baum kann ohne Wurzeln leben, er braucht sie nicht nur zur Ernährung, sondern auch zur Verankerung. Eben diese Funktion erfüllt das jagdliche Brauchtum für die Jagd.

Natürlich hat die Art zu jagen im Wandel der Zeit vielfältige Veränderungen erfahren. Die Jagd in der Vorzeit mit dem Steinbeil, rücksichtslose Fangaktionen als Existenzerfordernis, die Jagd mit Pfeil und Bogen, Armbrust, Schwert oder Spieß, zu Pferde, mit Hunden bis zur ausgeklügelten Waldtreibjagd, Drückjagd oder Riegeljagd des 20. Jahrhunderts, sind Beispiele jagdlichen Brauchtums, die in ihrer Bedeutung aus der Zeit verstanden werden müssen. Auch die Auswüchse bei den Hofjagden im Mittelalter mit tierquälerischen Fuchsprellen, prunkvollen Wasserjagden und schließlich die eingestellten Jagen galten damals als Jagd. Sie werden ihr heute längst nicht mehr zugeordnet, da zur Definition der Jagd die Entkommen-Chance für das Wild gehört.

Es ist das Verdienst von Walter Frevert, die ungeschriebenen Gesetze im Jagdwesen, die sich die Jäger selbst gaben, zusammengefaßt interpretiert zu haben.

Neuerdings werden in der Öffentlichkeit kritische Stimmen laut, die das jagdliche Brauchtum in Frage stellen und sogar für überflüssig ansehen. Nicht nur deshalb sind in dieser 12. Auflage zahlreiche Änderun gen und Ergänzungen vorgenommen worden, die sich aus den Gewohnheiten und Erfahrungen der letzten Jahre ergaben. Gleichwohl kommt es vor allem darauf an, das jagdliche Brauchtum lebendig zu erhalten und den nachwachsenden Generationen zu bewahren. Vorrangig sollte aber vor allem sein, daß sich die Jagdleidenschaft dem Wohle der menschlichen Gemeinschaft unterordnet.

In einem von Menschen übervölkerten und von technischen Einrichtungen überbeanspruchten Raum kann der Sinn der Jagd nicht mehr allein in der Befriedigung einer Leidenschaft oder im Genießen einer persönlichen Liebhaberei liegen; vielmehr ist der Jäger von heute kraft Gesetzes zur Erhaltung und zum Schutz des Wildes in der Lebensgemeinschaft Mensch – Tier – Natur verpflichtet. Dies ist ein öffentlicher Auftrag, der nur in maßvollem, aber auch planvollem Jagen eine überzeugende Erfüllung finden kann. Der Respekt vor echtem Brauchtum führt zu einer gültigen, wenn auch nicht immer gesetzlich verankerten Maxime, der sich alle an der Jagd Beteiligten gern unterwerfen, selbst dann, wenn sie allein und unbeobachtet sind.

Zu danken ist Herrn Rüdiger Klotz von der WILD UND HUND-Redaktion, der bei der Neubearbeitung dieser 12. Auflage als Lektor mitgewirkt hat.

Springe-Völksen, im Dezember 1994 FRIEDRICH TÜRCKE

Inhalt

Aus der Geschichte des jagdlichen Brauchtums

Des Waidmanns Ursprung liegt entfernt, dem Paradiese nah,
Da war kein Kaufmann, kein Soldat,
Kein Arzt, kein Pfaff', kein Advokat,
Doch Jäger waren da!
BUNSEN

Das jagdliche Brauchtum ist so alt wie die Jagd selbst. Der Mensch der Steinzeit war vom Sammler zum Jäger geworden. Die Jagd war im Paläolithikum Grundlage der menschlichen Existenz. Ackerbau und Viehzucht waren noch nicht entwickelt. Hatte die Horde Erfolg auf der Jagd, so war für alles gesorgt, denn das erbeutete Wild lieferte nicht nur Nahrung, sondern auch Kleidung und Material für die Herstellung der notwendigen Gebrauchsgegenstände in Form der Zähne, Knochen und Geweihe, kurz, es lieferte alles, was der damalige Mensch benötigte. Es ist nicht ganz leicht, sich das menschliche Leben in der Eiszeit vorzustellen, denn selbst wenn wir heute allein auf einer einsamen Koliba der Hochkarparten oder im tiefen Busch afrikanischer Wildnis als Jäger hausen, so sind wir mit zahlreichen Gegenständen ausgerüstet, von denen sich der Steinzeitmensch nichts träumen ließ. Wenn wir das Leben der Eskimos, soweit sie noch nicht von der Zivilisation beeinflußt sind, betrachten, so können wir uns ungefähr eine Vorstellung der Lebensweise unserer ältesten Vorfahren machen. Auch für den Eskimo ist die Jagd alles. Wenn der Seehund ausbleibt oder der Lachsfang nicht gelingt, so bedeutet das Hunger, ja den Tod für die ganze Sippe.

Nach unserem spärlichen Wissen um das Leben der vorgeschichtlichen Menschheit können wir vermuten, daß das Brauchtum bei der Jagd eine gewisse Rolle gespielt hat. Wir haben in diluvialen Aufschlüssen bereits durchbohrte Zähne von Wildpferd, Wisent, Hirsch und Wolf gefunden, die zweifellos als Schmuck, etwa als Halskette, Verwendung gefunden haben. Ja, an der Spitze durchbohrte Wisenthörner und ausgehöhlte Mammutzähne können als Signalhörner gedeutet werden, so daß wir annehmen müssen, daß damals schon wie heute Anordnungen des Leiters der Jagd mit Hornrufen vermittelt oder Versprengte wieder zusammengerufen wurden, da die menschliche Stimme ohne dieses Hilfsmittel nicht weit genug zu hören war. Zu künstlerischen Darstellungen wurde der Mensch frühzeitig durch die Jagd angeregt. In den Höhlen Südfrankreichs (Lascaux) und Nordspaniens sind Tierzeichnungen aus der Steinzeit (10000 v. Chr.) überliefert worden, die so naturgetreu sind, daß man zunächst an der Echtheit dieser Kunstwerke zweifelte. Wir finden Darstellungen des Wildpferdes, des Mammuts, des Riesenhirsches und vieler anderer Tiere, aber auch schon Zeichnungen, die die Ausübung der Jagd darstellen. Kühne Erlebnisse und Heldentaten auf der Jagd wurden in Steine geritzt oder mit Kohle gezeichnet, um mit kultischer Beschwörung „Jagdglück“ einzubringen. Auch auf Knochen- und Geweihstücken wurden Tierköpfe und jagdliche Darstellungen eingezeichnet, die wir vielleicht als Talisman aufzufassen haben, wie ja die Vorstellung uralt ist, daß das mitgeführte Bild eines Tieres dem Besitzer die Macht und Stärke dieses Tieres verleiht.

Der *Steinzeitmensch* versuchte vor allem, das Wild in Fallgruben zu fangen und es, wo möglich, an steile Felsabstürze zu treiben, wo es dann hinunterstürzte und seine sichere Beute wurde. So sind an verschiedenen Stellen Europas Überreste von Wildpferden, Elchen usw. unterhalb solcher steilabfallenden Felsen gefunden worden. Bei Drontheim in Norwegen befinden sich an einem solchen Felsabsturz die Bilder von Elchen eingeritzt, die vermutlich das Wild mit magischer Kraft bannen sollten, um es hier zum Absturz zu bringen.

Die primitiven Waffen der damaligen Zeit, wie Steinäxte und Steinmesser, zeigen häufig künstlerische Darstellungen, auch Plastiken von Wildköpfen. In den Pfahlbauten des Bodensees gefundene Steinmesser haben vielfach einen Handgriff aus Hirschhorn. Ihre Konstruktion ist im Prinzip genauso wie die unserer heutigen Waidmesser. Aus all diesen uns überlieferten Erscheinungen können wir schließen, daß schon damals ein gewisses Brauchtum bestanden hat, wie ja auch noch die rezenten Naturvölker über viele Jahrhunderte ihre Bräuche und kultische Gepflogenheiten bewahrt haben.

Die ältesten schriftlichen Berichte über unsere germanischen Vorfahren geben uns Caesar, Tacitus, Plinius u. a. Begreiflicherweise sind diese Berichte sämtlich durch die Brille des sich kulturell viel höher fühlenden Römers gesehen und enthalten nur unvollkommene Angaben über germanische Gebräuche. Zwar wird die Jagd verschiedentlich erwähnt, und bezüglich des Brauchtums schreibt Caesar z. B., daß der germanische Jüngling besonders geachtet und berühmt sei, der eine möglichst große Zahl selbst erbeuteter Hörner des Urstieres in seinem Besitz hatte. Trophäe und Qualität getöteten Wildes hatten also offenbar damals bereits eine gewisse Bedeutung.

Späteiszeitliche Felsmalerei, Ostspanien – Hirschjagd.

Die Geweihe von Hirschen scheint man allerdings in germanischer Zeit nur zu Gebrauchsgegenständen verarbeitet zu haben. Aber in Zeiten, in denen wehrhaftes Wild, wie Wisent, Auerochse und Bär noch Beute des Jägers war, spielte der Hirsch nicht die Rolle wie später, obwohl sehr bald das Hirschgeweih zum Symbol männlicher Kraft wurde. Aus Gräberfunden, alten Sagen können wir das Bild der Jagd unserer Vorfahren noch etwas ergänzen. Einzelheiten werden uns bereits über die Jagd der Donaukelten berichtet. Der griechische Schriftsteller Arrian (95–180 n. Chr.) beschreibt die im Donauraum wohnenden Kelten sehr genau und gibt eingehende Schilderungen ihrer Jagdausübung. Diese *Donaukelten* waren bereits waidgerechte Jäger in unserem Sinne. Sie jagten weniger wegen des Wildbrets, sondern vor allem aus Passion und gestalteten die Jagd zu einem Vergnügen, das besonderen Regeln und Bindungen unterlag. Die beliebteste Jagd war die Hasenhetze zu Pferd. Hierbei mußten die schnellen Windhunde, die mit veltris oder vertragus, auch veltragus, bezeichnet wurden, die Hasen fangen und lebend ihrem Herrn bringen.

„Nicht für sich, sondern dem Herrn der feurige Vertragus jaget,
der Dir den Hasen im Fang unverletzt überbringt."

Neben dem flüchtigen vertragus züchteten die Kelten noch den berühmten Segusierhund. Nach ENGELHARDT ist dieser canis segusius der Stammvater des Leithundes und damit der Ahne unseres heutigen Hannoverschen Schweißhundes. Dieser Segusier war hervorragend geeignet, das Wild aufzuspüren, da er sehr feinnasig war und auch eine alte (übernächtige) Fährte halten mußte. Wir haben also bei den Kelten bereits Hetzjagden mit Aufspüren des Wildes durch eine besonders hierzu gezüchtete Hunderasse und dann die eigentliche Hetze mit den flüchtigen Windhunden – eine Jagdart, die durch das ganze Mittelalter hindurch bis in die Zeit vor 150 Jahren als edelstes Vergnügen galt. Bei diesen Hetzjagden der Donaukelten wurden nicht mehr als zwei Windhunde gleichzeitig geschnallt, auch sollte der Hase stets erst einen Vorsprung erhalten, damit er nicht zu schnell gefangen wurde, man wollte ihm die Möglichkeit des Entkommens nicht nehmen. Man gab also schon dem Wilde eine Chance, eine Voraussetzung, die für den Begriff der Jagd schlechthin noch heute das entscheidende Kriterium ist. Von jedem erlegten Stück Wild mußte der Erleger einen entsprechenden Geldbetrag in eine gemeinsame Jagdkasse zahlen. An einem bestimmten Tag im Jahr, der der Schutzgöttin der Jagd geweiht war – Arrian nennt diese Göttin als Grieche natürlich Artemis –, wurde ein Opfertier dargebracht, und anschließend fand ein großer Jägerschmaus statt, der aus den Mitteln der Jagdkasse finanziert wurde und bei dem die Humpen kreisten. Hierbei wurden auch die Hunde nicht vergessen. Sie wurden mit Kränzen und Brüchen geschmückt, ähnlich wie Jahrhunderte später auch der Leithund nach glücklich beendeter Jagd mit einem Bruch geschmückt wurde, und erhielten reichlich zu fressen.

Dieser Jägerschmaus der Kelten im Donauraum findet sich heute noch in ähnlicher Form in unserem Brauch der Hubertusfeier – aber gedenken alle Jäger heute beim Schüsseltreiben auch mit solcher Liebe ihrer treuen vierläufigen Gehilfen?! Die französische Curée oder das deutsche Gepfneisch sind ein ähnlicher Brauch, der später noch geschildert wird.

Es ist sicher, daß die Jagdausübung der Germanen von den Kelten beeinflußt worden ist. Die hohe Auffassung vom Waidwerk, die die Kelten hatten, färbte auf andere Völker, mit denen sie in Berührung kamen, ab. Die Jagd wurde immer mehr ein ritterliches Vergnügen und als solches mit Bräuchen und Sitten, ja mit Zeremonien umkleidet, deren genaue Kenntnis und Beachtung für einen richtigen Jäger erforderlich war. Das Rotwild, der „edele Hirsch", rückte mit dem Aussterben des Großwildes immer mehr in den Vordergrund des jagdlichen Interesses. Nähere Einzelheiten hierüber finden wir in den leges barbarorum des frühen Mittelalters. In diesen werden auch die Hunderassen geschildert, die in der damaligen Zeit zur Jagd benutzt wurden. Eine große Rolle spielte der Leithund, der leitihund, „qui in legamine praecedens sequentum hominem ducit": der, am Leitseil vorgehend, den nachfolgenden Menschen führt. Die Leithund-Arbeit war also schon genau bekannt. Außerdem werden der spurihunt und der triphunt erwähnt. Unter spurihunt haben wir wohl ebenfalls einen am Riemen arbeitenden Leithund zu verstehen, während der triphunt der eigentliche Hetzhund war. Hierzu kam noch der erwähnte veltragus oder veltris, der als Wachhund nicht mit der Nase, sondern nach dem Gesicht hetzte.

Eine bedeutende Rolle spielte das *Jagdhorn.* Es war bis zum Beginn des 19. Jahrhunderts Zeichen des „gerechten Jägers". Die Jagdbediensteten trugen ein Horn aus Ochsen- oder Büffelhorn, während die

Olifant aus dem Jahre 1683, Prager Nationalmuseum. Entnommen aus „Lemke/Stoy, Jagdliches Brauchtum".

Edlen ein Signalhorn aus Elfenbein an der rechten Seite zu tragen pflegten. Im Altfranzösischen wird dieses Elfenbeinhorn Olifant genannt. Besonders berühmt ist der Olifant des Rolandliedes. Über „dreißig Meilen“ soll Kaiser Karl den Hornstoß seines getreuen Roland vernommen haben. Er kehrt um, um seinem Paladin zu helfen, aber seine Hilfe kommt zu spät. Als Roland den Tod kommen fühlt, bettet er sich auf sein Schwert Durandarte, das er vorher vergeblich an den Felsen zu zerschmettern versuchte. Ein Sarazene nähert sich dem Todwunden und will ihm das Horn, „das er nie aus den Händen gibt“, entreißen, da erhebt sich Roland mit letzter Kraft und schlägt mit seinem Olifant Helm und Schädel des Sarazenen in Trümmer. Wohl springt der goldgefaßte Rand des Hornes ab, aber das Horn aus hartem Elfenbein bleibt heil. Das vermeintliche Horn Rolands wird heute noch in Frankreich aufbewahrt, es hat ein Gewicht von etwa sieben Pfund.

Hifthorn aus der Sammlung des Musikinstrumenten-Museums in Markneukirchen. Entnommen aus „Lemke/Stoy, Jagdliches Brauchtum“.

Das Jagdhorn gilt als unantastbar. Als der Herzog Begon – so wird in einer französischen Darstellung des 12. Jahrhunderts berichtet – sich auf der Jagd hinter einem angeschweißten Keiler, der ihm seinen Leithund geschlagen, verirrt hat, trifft er auf einen Forstwart, der ihn nicht kennt und seinen Olifanten betastet. Der Herzog streckte den Verwegenen mit einem Schlage nieder.

In den leges werden uns zahlreiche Bräuche überliefert, die nun gesetzliche Kraft erhielten. Eingehend wird darin die Wildfolge behandelt, die auch später in verschiedener Form Gegenstand der jagdlichen Gesetzgebung ist, je nachdem wie sich Brauch und Sitte in dieser Beziehung entwickelt hatten. Drakonisch sind die Strafen, die uns in den leges überliefert werden. Wer z. B. einen Hund gestohlen hatte,

Valentin Wagner, um 1633. Lavierte Federzeichnung aus einem Skizzenbuch. Jagdsammlung von J. B. von Bistram, Bayerisch Gmain.

mußte diesem zur Strafe das Waidloch küssen, wer einen Beizvogel entwendete, mußte sich sechs Unzen Fleisch super testones, also auf den Hoden, von dem Beizvogel kröpfen lassen!

Mit der Einrichtung der Bannforste im 8. bis 14. Jahrhundert fiel das Jagdrecht in weiten Gebieten den Königen zu, um später größtenteils auf die zahlreichen geistlichen und weltlichen Fürsten überzugehen. Soweit schon ein Eigentum an Grund und Boden entstanden war, bedingt dies doch noch kein Jagdrecht des Eigentümers auf seinen Ländereien. Im Zuge der angedeuteten Entwicklung wurde ihm jenes Recht in zunehmendem Umfang genommen, was gewöhnlich mit einer Beschränkung sonstiger Nutzungsrechte verbunden war. Karl der Große hatte im sog. Brühl bei Aachen bereits einen ausgedehnten Wildpark, und die Jagdgebräuche, die gepflegt wurden, beeinflußten die gesamte Jagdausübung der damaligen Zeit. Zweifellos waren diese Bräuche und Sitten größtenteils gallischen Ursprungs; so wie die Kelten die Jagdgebräuche der Germanen beeinflußten, so wirkt der gallisch-romanische Einfluß auf die Jagd in Deutschland bis ins 18. Jahrhundert.

Welche Zeremonien seinerzeit in den Bannforsten bei Ausübung der Jagd üblich waren, lesen wir z. B. in den Weistümern. Bei einer kaiserlichen Jagd mußte der Forstmeister des Reviers eine weiße Bracke auf einer seidenen Decke und seidenem Kissen mit silber-vergoldetem Halsband und seidenem Hängeseil bereithalten. Ferner hatte er dem Kaiser eine Armbrust zu überreichen mit einem Bogen aus Eibenholz, eine Säule von Elfenbein und Pfeile, deren Spitzen aus Silber, deren Schaft aus Lorbeerholz gefertigt und die mit Straußen- und Pfauenfedern befiedert waren.

Beizjagd

Ein Brauchtum besonderer Art gibt es bei der Beizjagd, d. h. das Jagen mit „abgetragenen" Greifvögeln, vor allem Falken und Habichten. Diese individuelle Form der Jagdtechnik existierte bereits vor Bildung des griechisch-römischen Kulturkreises im Orient. Allerdings haben Griechen und Römer keine Falkenjagd betrieben (K. LINDNER).

Zu einer hochentwickelten Kunst ist die Beizjagd in der Zeit des glückhaften Kaisers Friedrich II. (um 1200) betrieben worden. Als Zeugnis ist sein berühmtes Buch „De arte venandi cum avibus" (Von der Kunst der Jagd mit Greifvögeln) erhalten. Mit neuen Errungenschaften wurde die Beizjagd verfeinert und hat dann mit Kaiser Maximilian I. (um 1500) eine außergewöhnliche Blütezeit erlebt. Das Brauchtum mit ausgeklügelten Raffinessen war hochinteressant und lebt noch heute unter den Falknern, die sich im „Deutschen Falkenorden" (DFO) zusammengeschlossen haben, fort. Zum Schutze der Greifvögel, insbesondere der Wanderfalken, haben die Mitglieder dieses Ordens sich Beschränkungen auferlegt und kontrollieren in ihren eigenen Reihen den Erwerb von Beizvögeln nach den Schutzbestimmungen.

Deutsche Jagdliteratur

Bis zum ausgehenden Mittelalter war eine deutsche Jagdliteratur nur spärlich vorhanden. Es sind vorwiegend französische Schriften, die uns über die Parforcejagden – aber auch über das „teutsche Jagen" – die „eingestellten Jagen" mit ihren prunkvollen tierquälerichen Auswüchsen im 17. und 18. Jahrhundert unterrichten. Eine Vielzahl von Darstellungen über Wild und Jagd verdanken wir den Kunstwerken von JOH. ELIAS RIDINGER (1698–1767).

Falconier, den Falken abwerfend. (Nach einem Kupferstich von Ridinger).

Es würde zu weit führen, das höfische jagdliche Brauchtum des Mittelalters darzustellen, deshalb sei stellvertretend für viele Schriften auf „Das Waidwerk in Geschichte und Gegenwart" von Fritz Röhrig und vor allem auf die geistvollen jagdgeschichtlichen Arbeiten von Professor Dr. Dr. Kurt Lindner verwiesen.

Eine umfangreiche deutsche Jagdliteratur beginnt im 17. und 18. Jahrhundert. Besonders zu erwähnen ist das „Neuw Jag vnd Weydwerck Buch", 1582–1604, herausgegeben von Sigmundt Feyerabendt. Es ist dies ein Sammelwerk, aus sechs selbständigen Büchern bestehend, und behandelt das gesamte Wissen jener Zeit über die Jagd. Sehr interessant ist, daß in diesen Büchern das *deutsche* Waidwerk geschildert wird und daß die Betonung deutscher Art und Jagdauffassung überall festzustellen ist. Die vorbildliche Jagdausübung der Deutschen wird in diesem Werk immer wieder hervorgekehrt. Aus der jagdlichen Literatur des 18. Jahrhunderts seien nur die beiden bekanntesten Werke: „von Flemming, der vollkommene Teutsche Jäger 1719“ und „Döbels Jägerpractica 1746“ erwähnt. In beiden Büchern ist jedoch vielfach französischer Einfluß festzustellen, so sind sehr viele Kommandos, Zurufe usw. in französischer Sprache aufgeführt.

F. v. Schiller (um 1790): „Nein, bei Gott, ich hielt Euch Jäger für sehr gemeine Menschen, deren Thaten sich über das Töten des Wildes erheben. – Aber Ihr seyd groß: Ihr wirket unbekannt, unbelohnt, frei von des Egoismus Tyrannei, und Eures stillen Fleißes Früchte reifen der späten Nachwelt noch. Held und Dichter erringen eitlen Ruhm: Führwahr, ich möcht’ ein Jäger sein!“

Einstige Jägerausbildung

Über die damals üblichen Gebräuche für die Ausbildung zum beruflich tätigen Jäger sei zusammenfassend berichtet:

Ein Lehrling, der die Jägerei erlernen wollte, mußte *drei „Behänge“* oder Lehrjahre aushalten, bevor er wehrhaft gemacht wurde, d. h. den Hirschfänger und den Lehrabschied erhielt. Im ersten „Behang“ wurde der Jägerjunge auch *Hundejunge* genannt, seine Tätigkeit bestand in erster Linie in der Pflege und Fütterung der Hunde, insbesondere der Leithunde. Im zweiten Jahr hieß er *Lehrbursche* und durfte bereits das Jagdhorn an der Hornfessel tragen, was ihm im ersten Jahr nicht erlaubt war. Er wurde nun von seinem Lehrherrn, dem sog. Lehrprinz, in allen waidmännischen Gebräuchen und in allen Zweigen der Jagd ausgebildet, dadurch wurde er *hirschgerecht.* Aber auch in forstlichen Fragen sollte er sich belernen, um so *holzgerecht* zu werden. Durch die Abführung des Leithundes und das Dressieren der Jagdhunde wurde er *hundgerecht.* Auch das Schießen mußte fleißig geübt werden, damit er *schießgerecht* wurde. Aber daß es auf das Schießen nicht allein ankam, wurde auch schon damals betont: „Denn wenn einer noch so gut schießen kann, versteht aber sonst nicht viel, so heißt er zwar ein Schütze, aber noch kein Jäger.“

Im dritten Jahr seiner Ausbildung wurde der Lehrling Jägerbursche genannt, und nach Beendigung der drei Behänge wurde er feierlich *wehrhaft* gemacht. Der Lehrprinz lud zu dieser Zeremonie seine

Nachbarn und Freunde ein. Mit einer feierlichen Ansprache des Lehrprinzen an den Jägerburschen, der zur linken Hand seines Lehrherrn, mit Hornfessel und Hirschfängergurt angetan, stand, begann der Akt. Dann nahm der Lehrprinz mit der linken Hand den vor ihm liegenden Hirschfänger und hielt ihn vor sich, mit der rechten Hand gab er dem Jägerburschen eine Ohrfeige und sprach dabei: „Dies leidest du jetzt von mir, und hinfort nicht mehr, weder von mir noch von einem andern!“ Alsdann wurde der Hirschfänger feierlich überreicht „nicht zu dem Ende, daß du es zu unnützen Händeln und Ungelegenheiten, sondern wozu es eigentlich gemacht, was vernünftig, redlich und rühmlich ist, nämlich zur Ehre der löblichen edlen Jägerey, deines künftigen Herrn, zur Beschützung seines und deines ehrlichen Namens, Leib und Lebens, am meisten aber auf Jagden führest und gebrauchest!“ Alsdann wurde dem Jägerburschen der *Lehrabschied* überreicht oder auch nur gezeigt und am nächsten Morgen zugestellt; dieser Brauch ist wohl so zu erklären, daß man befürchtete, der neu gebackene hirsch- und holzgerechte Jäger könnte bei dem nun folgenden Examenstrunk seinen Lehrabschied, der für ihn ein wichtiges Dokument war, einbüßen. Der Jägerbursche steckte alsdann den Hirschfänger zu sich, bedankte sich in wohlgesetzter Rede, und die Anwesenden stießen in ihre Hifthörner, wünschten ihm Waidmannsheil und erkannten ihn als Kameraden an. Zu dem nun folgenden Festschmaus wurde der junge Jäger durch die beiden ältesten anwesenden Jäger wie ein Bräutigam zu Tische geführt, auf seine Gesundheit wurde zuerst getrunken und ihm „der Willkomm“ gebracht. Die damaligen Schriftsteller berichten übereinstimmend, daß derartige Feste „gemeiniglich“ bis zum nächsten Morgen dauerten, manchmal sogar mehrere Tage.

Zum Jäger schlagen

Das Beispiel der Wehrhaftmachung eines Berufsjägers des 18. Jahrhunderts wirft bei uns die begreifliche Frage auf, welcher Brauch *heute* angemessen wäre, einem lernenden Jäger („Jungjäger“), wenn er die Jagdprüfung bestanden hat, in feierlicher Form die Jägerwürde zuzuerkennen. Man hört gelegentlich den Ausdruck „zum Jäger schlagen“ und verbindet damit fälschlich Hiebe mit dem Hirschfänger auf das Hinterteil. Diese Handlung ist jedoch herkömmlich ausschließlich eine Bestrafung, keine Ehrenbezeigung. Gleichwohl ist bei vielen Jägern das Bedürfnis eines würdigen Abschlussees der anstrengenden

Vorbereitungszeit und nicht minder aufregenden Jägerprüfung vorhanden. Ohne Anspruch auf eine allgemeingültige Form zu erheben, wird der folgende, in manchen Kreisen übliche Brauch beschrieben:

Bei der Bekanntgabe des Prüfungsergebnisses und der Aushändigung der Prüfungszeugnisse hält der Vorsitzende eine kurze Ansprache, läßt einen Prüfling stellvertretend für die übrigen vortreten und schlägt ihm dreimal mit einem Hirschfänger sanft auf die rechte Schulter mit den Worten:

„Der erste Schlag soll Dich zum Jäger weihen,
der zweite Schlag Dir Waidgerechtigkeit verleihen,
der dritte Schlag sei ein Gebot:
was Du nicht kennst, das schieß nicht tot!“

Von dem hirschgerechten Jäger war zu unterscheiden der sog. *Federschütze.* Dieser hatte nur das kleine Handwerk erlernt, er mußte mit Netzen und Garnen und den Hühnerhunden umzugehen wissen. Den Federschützen war nicht gestattet, Hornfessel und Jagdhorn, geschweige denn den Hirschfänger zu tragen, „sondern dieses kam allein den hirschgerechten und vom großen Weydwerke dependirenden zu, welches dann auch nicht mehr als billig ist“. Der Hirschfänger wurde an der linken, das Horn an der rechten Seite getragen.

Leithund

Zahlreiche Bräuche woben sich um den berühmten Leithund. Der Besuchsjäger oder *Besuchsknecht,* der den Leithund führte, streichelte dem Hund zur Belohnung und Ermunterung mit einem eichenen Bruch über den Rücken und sprach ihn dabei mit Waidsprüchen an. War der Leithund nicht interessiert und lebhaft genug, sondern „kaltsinnig und faul“, so mußte er „genießen“. Zu diesem Zweck wurde nach der Erlegung eines Hirsches etwas Wildbret vom Halse abgeschärft und in die Schalen eines Hirschlaufes fest eingeklemmt. Dann wurde von dem Hirsch aus, der verdeckt gelegt wurde, so daß der Leithund ihn nicht sehen konnte, mit einem in Schweiß getauchten Hirschlauf eine einige Hundert Schritt lange künstliche Schweißfährte hergestellt und der Leithund nun zu dieser Schweißfährte gebracht. Unter Zusprüchen des Führers gelangte der Hund so zu dem Hirsch und wurde veranlaßt, das Wildbret aus den Schalen zu fressen. Alsdann wurde der Hund abgeliebelt, indem man ihn mit einem Eichenbruch streichelte. Man nannte das den „Genuß“ des Leithundes oder *das Genossenmachen.* Der Leithund wurde von einer gerechten Fährte niemals abgezogen, sondern *abgetragen.* Die Leithunde hatten alte feststehende Namen, wie Hirschmann, Waldmann, Gesell, Söllmann, Hela oder Hele. In diesem Zusammenhang mag auch die „curée des chiens" oder deutsch das „Gepfneisch" Erwähnung finden. Nach vollendeter Hetzjagd wurde der Hirsch an Ort und Stelle aufgebrochen, zerwirkt und zerlegt. Die hierbei beobachteten Bräuche haben sich durch die Jahrhunderte bis heute erhalten und nicht wesentlich geändert, sie werden später eingehend erläutert. Nach beendigtem Zerlegen erhielt der Leithund, der den gehetzten Hirsch bestätigt hatte, zunächst Herz und Haupt des Hirsches; später folgten auch die anderen Hunde. Alsdann wurden auf der Innenseite der Hirschdecke Feist, Hirn, Lunge, Leber, Milz, auch kleine Wildbretstückchen zerteilt und, mit Schweiß vermischt, zurechtgemacht; außerdem wurde kleingeschnittenes Brot mit Käse vermischt und mit Schweiß übergossen dargereicht. Nachdem die Hundejungen alles säuberlich vorbereitet, auch eine Schüssel mit frischem Wasser daneben gestellt hatten, stießen die Jäger in ihre Hörner, und auf dieses Signal stürzten sich die Hunde auf den Fraß. Die Jägerjungen paßten mit Ruten bewaffnet auf, daß alle Hunde zu ihrem Recht kamen. Mit einem Waidgeschrei und einem Umtrunk endete diese alte Zeremonie. Anläßlich der Internationalen Jagdausstellung in Düsseldorf 1954 wurde eine solche curée von französischen Parforcejägern bei Fackelschein vorgeführt.

Der Käse spielte übrigens bei den Leithunden eine große Rolle. Man sollte den Leithunden häufig faulen Käse zu fressen geben, da dies ihrer Nase sehr zuträglich sei. Das Äußere der Leithunde wird bei allen Jagdschriftstellern der alten Zeit eingehend beschrieben. Die originellste Schilderung liefert MYNSINGER über die „Jagdhund und Laitthund":

„Die oren sind Im lang und das Maul hanger und die Naslöcher sind Im weit geschlitzt, der ober lefftz hanget Im auch herab, und sein stymm ist hell und der swantz ist nit zu lang und sein arsloch ist hinden weitt. Das sind die zaichen des Adels." Der Leithund wurde geführt am Hängeseil, welches aus Bockshaaren verfertigt sein sollte. Zusammengeschlungen hing das Hängeseil auf der rechten Seite des Jägers, der Hund wurde also rechts geführt. Die Halsung mußte mit einem Wirbel versehen sein, wie das heute noch bei der Schweißhundhalsung üblich ist. In der linken Hand trug der Besuchsknecht einen Pakken Eichenbrüche, mit denen er die gearbeiteten Fährten verbrach und mit denen er den Leithund abliebelte.

J. E. Ridinger: Pirsch gerechter Jäger.

War der mit dem Leithund bestätigte Hirsch zur Strecke gekommen, so wurde der alte Brauch des Gehörn- oder Geweih-Vortragens geübt. Nachdem das Geweih nach der Sitte der damaligen Zeit mit drei Schlägen des Waidblattes vom Haupte getrennt war – abgeschlagen war –, wurde es zunächst dem Jagdherrn vorgetragen und gezeigt. Alsdann wurde von dem Oberjägermeister oder, wenn dieser von Adel war, in seiner Vertretung vom ältesten anwesenden Jäger das Geweih dem Leithund vorgetragen, wobei alle Jäger, nach ihrer Rangordnung geordnet, folgten. Dabei wurde der Leithund mit folgenden Waidsprüchen angesprochen.

„Söllmann hin, hin zu der Fährd
Die der edele Hirsch von Feldern gegen Holtze einthät
Gegen Holtz, kam der edele Hirsch stolz,
Mit seiner edelen Kron, Gott hat sie ihm aufgethon,
Mit seinen stolzen Tritten hat heute den Tod erlitten.
Söllmann hin, du hast recht, habe Danck,
Das ist heute ein guter Anfang.
Söllmann, du hast heute den edelen Hirsch verfangen,
Nach ihm trägst du groß Verlangen,
Mach dich frisch und fröhlich, du geneust zur Stund
Des edelen Hirsches Wildpret fein,
Ehre soll mein Jägerrecht seyn,
Söllmann halte dich zu mir wie ich zu dir,
So trag ich hier des edelen Hirsches Gehörn dir für.
Heute ging es durch Haber und Korn,
Ob's gleich dem Bauern thäte Zorn,
Und mußte seinen Schweiß vergießen
Daß du dessen kannst genießen
Söllmann, du hast Recht, habe Danck
Ist ein guter Anfang."

Dabei erhielt der Leithund Hirn und Teile des Kopfes zum Genossen machen. Die Ansprachen waren in den einzelnen Gegenden verschieden, aber inhaltlich etwa gleich. Der Jagdherr nahm nun einen Humpen Wein und trank dem Oberjägermeister auf aller rechtschaffenen Waidleut Gesundheit zu, alsdann kreiste der Humpen streng der Rangordnung nach unter allen Anwesenden bis zum letzten Besuchsknecht. Zum Schluß wurde auf den Hift-, Jagd- und Flügelhörnern geblasen und ein „Waidgeschrey" angestimmt. Von diesem Waidgeschrei oder Waldgeschrei wurde damals bei jeder Gelegenheit reichlich Gebrauch gemacht. Bei Hetzjagden, bei Zwangstreiben, bei Bestätigungstreiben, bei Haupt- und Kontrajagden – immer muß die Jägerei ein „Waidgeschrey" machen. Zu Beginn der Jagd wurde auf den Jagdhörnern geblasen und dazu „Joho, hoch do, hoch do" geschrien. Wurde während des Treibens ein Hirsch gesehen, so wurde „Juch-Hirsch" geschrien. Das Tajo-Rufen beim Anblick des gejagten Hirsches ist französischen Ursprungs und wurde bei der Parforcejagd geübt, wie auch die französische Reitjagd ein Tajo-Signal kennt, welches beim Anblick des gehetzten Hirsches von den Piqueuren geblasen wurde. Vielfach wurde dem Waid- oder Jagdgeschrei mit schnellem Rhythmus dreimal ein „Wolauf“ vorangesetzt. Auch der alte Ruf Ho – Rüd – Ho, das heutige Horrido, ist ein solcher Jagdschrei. Begleitet wurden die Jagdschreie meistens durch Hornsignale. Die ältesten überlieferten Jagdsignale finden wir in dem schon erwähnten Sammelwerk von FEYERABENDT 1582. In der neueren Literatur sind diese alten Signale in dem Jägerbrevier von GRÄSSE (Wien 1869) abgedruckt.

Waidsprüche

Zum Brauchtum der alten Jägerei gehörten weiterhin die Waidsprüche. Es waren dies Sinnsprüche, die in der Hauptsache mündlich überliefert wurden, vom 14. bis zum Ausgang des 17. Jahrhunderts lebendig und – zumeist in kaum veränderter Form – gebräuchlich waren, sich aber bald der Jägerei entfremdeten. Sie behandeln in erster Linie die Hirschjagd, da der Hirsch das alles überragende Wild der früheren Zeit war und nur der hirschgerechte Jäger etwas galt. Das andere waren Federschützen oder etwa gar „Böhnhasen“, wie DÖBEL die nicht richtig ausgebildeten Jäger nennt, die nach v. MALTITZ „zur Schande der hirsch- und forstgerechten Jäger, des Erzpatriarchen Nimrod und des Gottes genannten Waldpflegers Sylvan den wehrhaften Hirschfänger tragen“.

Die derzeit bekannteste älteste Sammlung jagdlicher Spruchdichtung ist uns in einer Handschrift aus der Mitte des 15. Jahrhunderts überliefert. Die darin enthaltenen 23 Waidsprüche lassen auf Ursprung und Entstehung im 14. Jahrhundert schließen. Im Gegensatz zu jüngeren Waidsprüchen werden in diesen neben dem Hirsch auch andere Wildarten, nämlich Wildschwein, Bär und Hase, angesprochen. Wir müssen annehmen, daß die Waidsprüche von den Jägern selbst gedichtet sind und kein Produkt eines höfischen Poeten darstellen. Das beweist ihre derbe volkstümliche Sprache.

Die vollständigste Sammlung alter Waidsprüche findet man bei den Brüdern GRIMM und in dem bereits erwähnten Jägerbrevier von GRÄSSE.

Eine Auswahl der markantesten alten Waidsprüche soll hier folgen:

„Auf, auf, mein lieber Weidmann, mit Weidmannsheil,
Daß uns, so Gott walt, was Gutes werde zutheil!“

*„Joho, mein lieber Weidmann, gleichfalls mit Heil,
Daß Gott dir und mir gebe all gute Weil!“*

*„Weydemann, lieber Weydemann, hübsch und fein,
Was gehet hoch wacht vor den edlen Hirsch vor den Feldern gegen Holtze ein?
Das kann ich dir wohl sagen:
Der helle Morgenstern, der Schatten und der Atem seyn
Gehet vor dem edlen Hirsch von Feldern gen Holtze rein.“*

*„Weydemann, tu mir kund, wodurch wird der edle Hirsch verwund?
Das kann ich dir wohl sagen:
Tuts nicht der Jäger und sein Leithund
So bleibt der edle Hirsch unverwund.“*

*„Weydemann, lieber Weydemann, hübsch und fein,
Sage mir, wann mag der edle Hirsch am besten gesund seyn?
Das kann ich dir wohl sagen für:
Wenn die Jäger sitzen und trinken Bier und Wein
Pflegt der Hirsch am allergesündesten zu sein.“*

*„Weydemann, lieber Weydemann, sag mir an:
Was ist weißer dann der Schnee
Was ist grüner dann der Klee
Schwärzer als der Rab’
Und klüger dann der Jägerknab?*

*Das kann ich dir wohl sagen:
Der Tag ist weißer als der Schnee
Die Saat ist grüner als der Klee
Die Nacht ist schwärzer als der Rab’
Schöne Mädchen klüger dann der Jägerknab.“*

*„Der Teutschen fleiß war in gemein
Jagen, Reiten, nicht viel still seyn
Lauffen, Rennen und auff solch weiß
Zu suchen narung und die speiß.“*

*„Der Teutsche wohl gewohnt der Kelt
Auff dem Gebirg ligt biß er fellt
Die großen Bären in den Schnee
Und tracht, daß ihm kein Hirsch entgeh.“*

„Ein edler Jäger wohlgemut
Zog aus mit seinem Leithund gut
Sucht fürhin in dem Holtze
All sein Gemüt stund ihm dahin
Das er wollt jagen, jagen in sein'm Sinn
Einen edlen Hirschen stoltze."

Trinksitten

Von den Germanen wird uns berichtet, daß sie nach vollbrachter Jagd die mit Met gefüllten Humpen fleißig kreisen ließen, und zahlreiche Trinksitten der Jäger haben sich bis heute erhalten. Der von der Jagd heimkehrende Jäger hatte nicht nur Hunger, wie uns in der Bibel von Esau berichtet wird, sondern vor allem großen Durst. So war es bei vielen Gelegenheiten, z. B. beim Geweihvortragen üblich, daß die gesamte Jägerei aus einem großen Humpen trank, der reihum ging. Bei der Wehrhaftmachung des hirsch- und holzgerechten Jägers wurde ihm der Willkommenstrunk geboten. Nach größeren Jagden gab es festliche Schmäuse, bei denen nicht wenig getrunken wurde. FLEMMING erzählt uns, daß die Jagdburschen bei solchem Mahle den Willkommenstrunk dem Oberjägermeister brachten, der ihn dann dem Jagdherrn feierlich kredenzte. Sobald der Jagdherr trank, wurde von der ganzen Jägerei auf den Flügel- und Hifthörnern geblasen und dazu ein „Weydgeschrey" gemacht. Weiter heißt es bei Flemming: „bey solcher angestellter Herrschaftlicher Lust wird es niemahlen sonderlich wegen Bier und Wein so genau genommen, welches der Herrschaft zu hohen Ehren gereichet, und kann ein Jeder bey solcher Lust ein klein Räuschgen trinken." Daß die damaligen Sitten auch sonst nicht ganz milde waren, erfahren wir aus der Bemerkung: „Findet sich auch etwan unter den Zuschauern (nämlich des Jagdfestes) ungefähr ein schönes Kleppel- oder Grasse-Mädchen, da siehets umb die Jungfernschaft gefährlich aus und kan so genau nicht hergehen…"

Jägerrecht

Ein uralter Brauch war das Jägerrecht. Man unterschied das *Große* und das *Kleine Jägerrecht.* Die Jäger erhielten ursprünglich ihren Lohn in Naturalien. Diese bestanden in erster Linie in Teilen des erlegten Wildes. In den einzelnen Gegenden wurde das Jägerrecht verschieden gehandhabt. Im allgemeinen gehörten zum großen Jägerrecht das Haupt, der Hals mit dem Vorschlag bis zur dritten Rippe, die Haut, das Geräusch, also Lunge, Herz, Leber, Nieren, der Mehr- oder Lungenbraten und das Feist. In Österreich gehörte außerdem noch der sogenannte *Jägergriff* zum großen Jägerrecht. Hierunter ist das Wildbret zu verstehen, welches nach dem Auslösen der beiden Rippenseiten der „Wand'l" an den Keulen zu beiden Seiten übrigbleibt, also ein Teil der sogenannten Wammen. Deshalb Jägergriff genannt, weil es auf jeder Seite ungefähr gerade eine Handvoll ausmachte. Man griff das Wildbret, zog es straff an und schärfte es bis zur Keule mit dem Waidmesser los. Vielfach wurde das große Jägerrecht auf die Jägerei aufgeteilt, so daß die leitenden Jäger bis herauf zum Oberjägermeister einen bestimmten Anteil am Jägerrecht erhielten. Außer diesem Jägerrecht erhielten die Jäger je nach den Umständen und Verhältnissen pro Jahr mehrere Stücke *Wild als Deputat.* So bekamen in Tirol die Hilfsjäger jährlich zwei Gamsböcke, die sogenannten „Hosengams", weil sich aus der Decke die kurzledernen Hosen machen ließen. Auch Fallwild und vor allem gerissenes Wild stand den Jägern zu. Aber schon frühzeitig ertönten Klagen darüber, daß unehrliche Jäger ihre Hunde Wild reißen ließen, um dann diesen „Wolfsriß" in Besitz zu nehmen. Später wurden das große Jägerrecht und die übrigen Deputate durch Geld abgelöst, meistens in Form von Schußgeldern. Das kleine Jägerrecht wird später behandelt, da dieser Brauch heute noch überall üblich ist (vgl. S. 120).

Hirschgerechte Zeichen

In alten Zeiten galt ein Jäger nicht hirschgerecht, wenn er nicht die hirschgerechten Zeichen beherrschte. Die Jagdmethode, den Hirsch mit dem Leithund zu arbeiten und zu bestätigen, setzte voraus, daß der Führer des Hundes *fährtengerecht* war, d. h., er mußte eine einmal gesehene Fährte wiedererkennen können. Natürlich mußte er eine Tierfährte sofort von einer Hirschfährte unterscheiden und aus der Fährte und sonstigen Zeichen die vermeintliche Stärke des Hirsches angeben können. Als Hilfsmittel hierzu hatte die Jägerei die sogenannten hirschgerechten Zeichen zu erlernen. Der große Waidwerksmeister, der ritterliche Maximilian I., hat uns als erster die alten gerechten Zeichen in seinem Buche „Von des Hirschen Wandlung" überliefert. Der Schluß dieses Büchleins lautet übrigens in der Übersetzung von Karajan: „Wenn du ein guter Jäger werden willst, so jage den Hirschen

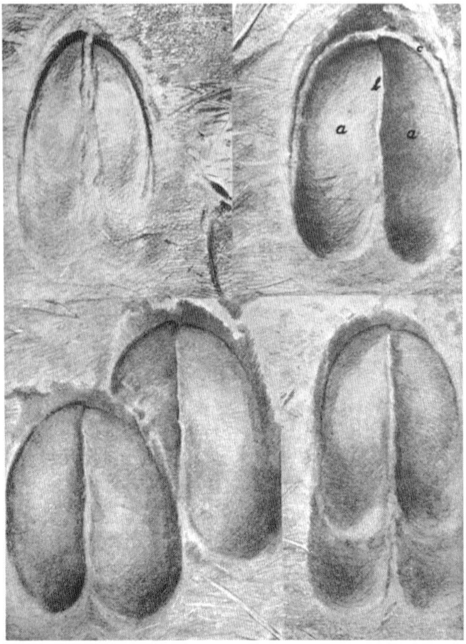

Beispiele „Hirschgerechter Zeichen". Links oben: Tritt eines Alttieres. Rechts oben: rechter Tritt eines Hirsches.a: Burgstall, b: Fädlein, c: Reiflein. Links unten: linke Tritte eines Hirsches (Kreuztritt). Rechts unten: linke Tritte eines Hirsches (Vierballenzeichen).

lange und tüchtig mit den Leithunden, dann wirst du eine Menge Merkmale sehen, die ich dir nicht vollständig beschreiben kann. Und sei unverdrossen und nicht lässig, und laß nicht ab, so erjagst du das Wild, denn der schlafenden Katze läuft die wachende Maus selten ins Maul, und das nur, wenn sie's aufsperrt."

In diesem Buch, das um 1500 geschrieben wurde, sind etwa 20 gerechte Zeichen aufgeführt, nach denen man den Hirsch ansprechen sollte. Bei den späteren Schriftstellern steigt die Zahl der Zeichen ständig, und Döbel zählt in seiner „Jägerpractica" 72 hirschgerechte Zeichen auf. Zweifellos spielte hierbei ein gewisses Geltungsbedürfnis der Jäger mit. Man machte die Sache absichtlich schwierig und kompliziert, um dadurch an Bedeutung und Ansehen zu gewinnen. Natürlich haben auch die „Besuchsknechte" dazu beigetragen, um sich nach vollzogener Suche mit dem Leithund ihrem Jagdherrn gegenüber zu legitimieren. Immerhin ist in diesen 72 Zeichen ein guter Teil der gesamten Fährtenkunde und der Lebensweise des Rotwildes verankert. In der neueren Literatur sind diese 72 Zeichen in dem Buch Frevert/Bergien, „Die gerechte Führung des Schweißhundes" (Verlag Paul Parey 1993), aufgeführt.

Höfisches Brauchtum

Wenn auch die Bräuche, die sich bei den Prunkjagden des 18. Jahrhunderts herausbildeten, mehr ein höfisches Zeremoniell als eigentliches jagdliches Brauchtum waren, so sollen doch einige dieser Bräuche hier dargestellt werden. Beschränken wir uns darauf, die Gebräuche bei einer Hetzjagd darzulegen, auf die noch der Ausdruck Jagd anwendbar ist. Die höfischen Jagdfeste, bei denen Hunderte von Menschen und Pferden mitwirkten, bei denen ein unerhörter Aufwand von Kostümen aller Art, bei denen Mummenschanz und allerhand

J. E. Ridinger: „Das… umstellte Jagen.“

Allotria getrieben wurden, waren keine Jagden mehr, sondern Ausfluß eines barocken Feudalismus, der mit der Französischen Revolution sein Ende fand. Aber die Jagd mit der spursicheren Hundemeute auf den mit dem Leithund bestätigten Hirsch ist keineswegs eine französische Erfindung des 18. Jahrhunderts, sondern eine uralte keltische und germanische Jagdmethode, die durchaus als edles Waidwerk anzusprechen war. Daß man vielfach zu „eingestelltem Jagen“ überging, daß man auch bei Hetzjagden Tücher und Netze verwandte, wurde damit begründet, weil man eine größere Menge Wild zur Strecke bringen wollte, was auf der Pürsche allein mit den damals unzureichenden Büchsen nicht möglich war.

Die gelegentlich in den Höfen veranstalteten „Fuchsprellen“ waren grausame Tierquälereien, die wir in ihren merkwürdig motivierten Auswüchsen heute verabscheuen.

Hatten die Besuchsknechte den zu jagenden Hirsch mit dem Leithund bestätigt, so wurde der an einem vorher bestimmten Punkt harrende Jagdgesellschaft Meldung erstattet. Der Besuchsjäger mußte an der Fährte, an Schritt und Schrank und an anderen gerechten Zeichen erkennen können, um was für einen Hirsch es sich handelte. Nach französischer Sitte mußte der Besuchsknecht Losung des bestätigten Hirsches, in seinem Hifthorn verwahrt, dem Jagdherrn mitbringen und ihm dieses „corpus delicti“ vorzeigen. Auf den Befehl zum Beginn der Jagd blies die Jägerei ein Signal und schloß ein Waidgeschrei an. Sämtliche Jäger waren in ihrer besten Kleidung, in grüner oder grauer Farbe, mit Hirschfänger und Hornfessel angetan. Die Hetzhunde wurden in Koppeln von Hundejungen oder, wenn diese nicht zahlreich genug waren, von Bauern, die in grüne Wämser und Hosen gesteckt waren, geführt. Handelte es sich um eingestellte oder eingerichtete Jagden, so trug die Jägerei lange Stöcke, sog. Jagdstöcke. Hatten die Hirsche, die erlegt werden sollten, schon gefegt, so wurden die Stöcke entrindet, wurde dagegen auf Kolbenhirsche gejagt – was man damals durchaus nicht unwaidmännisch fand – oder handelte es sich um eine Saujagd, so durfte die Rinde nicht entfernt werden. War der Hirsch von den Hetzhunden gestellt, so sprang ein Jäger hinzu und schlug ihm die Sehnen oberhalb der Sprunggelenke an den Hinterläufen mit dem Waidblatt, das übrigens im Gegensatz zum Hirschfänger auf der rechten Seite getragen wurde, durch, so daß der Hirsch hinten zusammenbrach und nicht mehr entkommen konnte. Sobald der Jagdherr heran war, wurde dem Hirsch von diesem oder einem Gast der Fang mit dem Hirschfänger gegeben. Die Verwendung der Büchse, um einen Fangschuß zu geben, war insbesondere bei der grand venerie

Frankreichs verpönt. „Jamais de carabine" lautet der Wahlspruch der bedeutendsten französischen Meute des Marquis von Chambray. Nach Beendigung der Jagd wurde das Wild auf Eichenbrüche gestreckt und verblasen, und zwar geschah dies in drei Sätzen auf Flügelhörnern und Hifthörnern, nach jedem Satz ertönte ein Waidgeschrei. Für stille Poesie einer andächtigen Stunde der Totenwacht, die der heutige Jäger am gestreckten Hirsch verbringt, hatte man damals noch keinen Sinn. Hifthornblasen und Waidgeschrei, Hundegebell und Rossewiehern waren damals Ausdruck der höchsten Lust des Jagens.

Nach dem Verblasen der Hirsche überreichte der Oberjägermeister dem Jagdherrn einen Bruch von einer Eiche oder einer Kiefer, der am Hut befestigt wurde. Sämtliche Teilnehmer der Jagd schmückten sich daraufhin mit Brüchen, und auch dem Leithund, der den Hirsch bestätigt hatte, wurde an der Halsung ein kleiner Bruch befestigt. Es war also Brauch, daß alle Teilnehmer an der Jagd sich mit Brüchen schmückten unabhängig davon, ob sie selbst ein Stück erlegt hatten oder nicht. Einen gleichen Brauch finden wir heute noch bei den Reitjagden, obschon bei derartigen Jagden in Deutschland kein Wild mehr zur Strecke kommt, sondern die sog. Reitjagden nur noch Reitsport sind.

Hatte ein Jagdteilnehmer sich unwaidmännisch benommen oder einen Formfehler begangen, so erhielt er die „Pfunde", ein Brauch, der heute noch – wenn auch selten – praktiziert wird.

Der Hirsch wurde dann an Ort und Stelle zerwirkt und den Hunden das *Gepfneisch* gegeben. Nach Hetzjagden wurde auch vielfach der Brauch des *Ehrenlauftragens* geübt, der aber französischen Ursprungs ist. Man löste zu diesem Zweck die Läufe über den Oberrükken so ab, daß die Decke bis an das Sprunggelenk noch daran blieb. In diese Decke wurde ein Schlitz gemacht, und nachdem der Hautteil einige Male durchgestreckt war, wurde der Lauf als Ehrenzeichen an den Hirschfänger gehängt. Den *rechten* Vorderlauf bekam der erste im Rang usw. Die rechte Seite war überhaupt bei dem gesamten alten jagdlichen Brauchtum besonders bedeutungsvoll. Das Wild wurde auf die rechte Seite gestreckt, von rechts sollte möglichst der Fang gegeben werden, der rechte Vorderlauf galt als der ehrenvollste, am rechten Vorderlauf wurde mit dem Zerwirken begonnen usw.

Unter Führung des Oberjägermeisters wurde nun nach Hause geritten. Dabei wurden die Wildbretstücke am Sattel befestigt, und zwar in der Reihenfolge, wie sie am lebenden Stück gesessen hatten. Vorneweg das Haupt, dann Träger mit Vorschlag und endlich Ziemer und Keulen. Den *Abschluß* der Jagd bildete der festliche Jagdschmaus.

Moderne Nachbildung eines „Hirschdukaten".

Die Jäger, insbesondere die Besuchsknechte, erhielten häufig vom Jagdherrn, vor allem nach der Erlegung starker Hirsche, einen sog. *Hirschdukaten* geschenkt. Es war dies ein Geldstück, auf dem jagdliche Szenen und Sprüche eingeprägt waren. Landgraf Ludwig VIII. von Hessen, der den Beinamen „der große Jäger" trug, ließ in Darmstadt Dukaten prägen, die auf der einen Seite die Inschrift trugen: „Hörnerträger viele Schwäger" und auf der Rückseite einen Hirsch zeigten mit der Beschriftung: „Der Dukaten hat mich verraten." Formschöne Nachbildungen sind erst in den letzten Jahren von einem 32-Ender, dem sog. „Battenberger" in Silber geprägt worden. Vielfach wurden an den Stellen im Revier, wo besonders starke Hirsche zur Strecke gekommen waren, Gedenksteine errichtet, auf denen Abbildungen des Hirsches und genaue Angaben über die Zeit der Erlegung, über Endenzahl, Gewicht usw. eingemeißelt waren. Derartige Hirschsteine sind z. B. heute noch in den hessischen Revieren Elbrighausen, Battenberg und an anderen Orten erhalten. Jagdliche *Münzen* alter und neuerer Prägung sind im Besitz zahlreicher Sammler. Sie werden gelegentlich auf Ausstellungen zur Schau gestellt.

Jägerhöfe

Besondere Pflege erfuhr das jagdliche Brauchtum an den Jägerhöfen. Schon frühzeitig stellte es sich als zweckmäßig heraus, die Jäger, die Hunde, die Falken, das Jagdzeug, die Netze und alles, was zur damaligen Jagd gehörte, in besonderen Gebäuden und Gehöften unterzubringen, um alles beieinander zu haben. Der Jägerhof unterstand einem Oberjägermeister oder Pürschemeister. Das Zusammenleben der Jäger im Jägerhof förderte naturgemäß ihr Standesbewußtsein, und die „Grüne Gilde“ pflegte gemeinsam Jagdsitten und Bräuche. Von den zahlreichen Jägerhöfen seien vor allem erwähnt der Jägerhof in Alten-Dresden, der 1568 errichtet wurde und bis 1831 bestand, außerdem der bekannte Jägerhof des Schlosses Kranichstein bei Darmstadt, der unter dem schon genannten Landgraf Ludwig VIII. zu hoher Blüte gelangte und von dem aus zahlreiche kleinere Jägerhöfe, so in Katzenbach und Neu-Jägersdorf, angelegt wurden. Der berühmteste Jägerhof ist der hannoversche, vor allem, weil hier der hannoversche Schweißhund gezüchtet wurde. Der *hannoversche Jägerhof* wurde 1677 in Celle gegründet und 1772 nach Hannover verlegt. Nach 1866 wurde der Jägerhof aufgelöst.

Der Hannoversche Jägerhof, 1772 bis 1866. Das Gebäude wurde 1945 zerstört.

Das Jagdschloß Springe (1970) mit Jäger-Lehrhof und Jagdschau. Hier, im Forstamt Saupark, wird an die Tradition des „Hannoverschen Jägerhofes“ angeknüpft und das jagdliche Brauchtum vorbildlich gepflegt.

So rankt sich das Brauchtum von der Frühzeit bis in die Gegenwart um unser Waidwerk, vom Paläolithiker, der mit dem Speer, dessen Spitze aus Feuerstein, Knochen oder Geweih gefertigt war, der Fährte des Urhirsches folgte, bis zum Menschen des technisierten 20. Jahrhunderts, der mit Fernrohrbüchse und Auto jagt. Die Riten vor, während und nach der Jagd sind aus zweckbewußten, jagdlichen Handlungen entstanden, die dem Jagdwesen nicht nur ein besonderes – auch von der Öffentlichkeit respektiertes – Gepräge zu geben vermochten, sondern bis heute auch noch praktische Bedeutung haben. Dieses Brauchtum wird sich weiterentwickeln; es liegt an den Jägern selbst, es in der dem deutschen Waidwerk würdigen Form zu pflegen, um ihm – dem Zeitgeschehen angepaßt – das erforderliche Ansehen zu erhalten.

Jägersprache

Seit altersher bedienen sich die Jäger in Deutschland einer Fachsprache, der sogenannten Jägersprache, die sich in einer Vielzahl von Ausdrücken und Begriffen von der normalen Umgangssprache unterscheidet. Die Jägersprache setzt sich aus Elementen einer Fachsprache einerseits und einer Standessprache der Jäger andererseits sowie auch aus solchen der Gemeinsprache, die allerdings einen spezifisch jagdlichen Gehalt angenommen haben, zusammen.

Für das frühe Mittelalter und die althochdeutsche Sprache ist anzunehmen, daß im jagdlichen Bereich noch fast ausschließlich Wörter der Gemeinsprache Verwendung fanden. Aus dem Mittelalter dagegen ist eine Fülle jagdlicher Ausdrücke überliefert. In einem Lexikon der mittelhochdeutschen jagdlichen Terminologie sind bereits über 900 Stichworte gegeben. Mehr als die Hälfte davon gehören dem fachsprachlichen Bereich an und bezeugen die große Bedeutung der Beizjagd, des Jagdhundes – insbesondere des Leithundes –, der Jagd auf Rotwild und des Vogelfanges in jenen Zeitabschnitten. Die Wurzeln einer jagdlichen Standessprache liegen ebenfalls im Mittelalter, im 12. Jahrhundert. Doch gelangt sie, nach anfänglich langsamer Entwicklung, erst im 15. und 16. Jahrhundert mit Ausbildung der landesherrlichen Jagdhoheit im deutschen Raum zu voller Bedeutung, indem sie ungefähr die Hälfte des jagdlichen Wortschatzes prägt. Sie wurde weitgehend von der Entwicklung auf dem Gebiet des Jagdrechts beeinflußt, während der fachsprachliche Bereich unserer Jägersprache in erster Linie als eine Funktion der Jagdtechnik anzusehen ist.

Die Jägersprache ist, wie alles Brauchtum, nichts Totes, sondern etwas Lebendiges, etwas, was sich ständig weiterentwickelt. Es geht daher nicht an, nur die jagdlichen Ausdrücke und Benennungen heute gelten zu lassen, die etwa schon vor hundert Jahren üblich waren, und alles, was nachher an jagdlichen Ausdrücken entstanden ist, als unwaidmännisch abzutun. Ein großer Teil unserer Jägersprache besteht allerdings nur aus Worten, die schon vor Jahrhunderten in gleicher Weise gebraucht und angewendet wurden. Das schließt jedoch nicht aus, daß manche Ausdrücke verschwinden und andere neu hinzugesetzt werden. Genauso, wie wir trotz Pflege bewährten Brauchtums heute nicht mehr mit der Armbrust jagen, können wir nicht darin unsere Achtung vor der Waidgerechtigkeit unserer Väter zeigen, daß wir an Worten kleben, die in unsere heutige Sprache nicht mehr passen und ungebräuchlich geworden sind. Wir können auch nicht gelegentliche Neubildungen von Jagdausdrücken ablehnen; gleichwohl müssen wir das wertvolle Gut der deutschen Jägersprache sorgfältig pflegen und mithelfen, diese nicht durch ungeeignete Ausdrücke abwerten zu lassen.

Es gibt über die Jägersprache einige Bücher, die mehr oder weniger erschöpfend die Waidmannsprache behandeln. Die Darstellungsmethoden sind verschieden. Der eine Verfasser hat die Lexikonform in der Reihenfolge des Alphabets gewählt, der andere geht von den Wildarten aus. Es gibt auch eine Darstellung, die alphabetisch die natürlichen Bezeichnungen aufführt und die jagdlichen Ausdrücke dazu angibt. Die heute verwendete Terminologie besteht aus etwa 3000 Wörtern. Diese sind im „Wörterbuch der Jägerei" (Paul Parey, Hamburg 1992) zusammengestellt. Die „Arbeitsstelle Deutsche Jägersprache" an der Universität Erlangen/Nürnberg unter Leitung von Frau Dr. SIGRID SCHWENK befaßte sich in langjähriger linguistischer Forschungsarbeit mit der Kommentierung waidmännischer Begriffe vom 8. Jahrhundert bis auf die heutige Zeit. Dieser große Wortschatz der deutschen Jägersprache, der in hohem Maße sprachkulturelle Entwicklungen widerspiegelt, umfaßt nahezu 13 000 Begriffe, die sich im Laufe der Geschichte gebildet haben.

Da in dem vorliegenden Buch aber das gesamte jagdliche Brauchtum behandelt werden soll, darf der Vollständigkeit halber die Jägersprache nicht fehlen, allerdings mit der Beschränkung auf die wichtigsten jagdlichen Ausdrücke. Eine lebendige Sprache läßt sich nicht in eine endgültige Form pressen, sie läßt sich ebensowenig erzwingen. So sind auch in der Jägersprache gewisse landschaftsgebundene Unterschiede geblieben. Der Süddeutsche wird beispielsweise das weibliche Reh „Geiß" nennen, während der Norddeutsche es als „Ricke" bezeichnet. Über die Schreibweise des Wortes „Waid" mit „ai" oder „ei" in allen seinen Zusammensetzungen ist viel gestritten worden. Wir wissen, daß herkömmlich häufig ein Wechsel von „ai" auf „ei", auch „ey" und „oÿ" stattgefunden hat. Etymologisch führt LINDNER (1979) die Entstehung aus dem Wort „Weide" an, dessen indogermanische Wurzel auf eine Grundbedeutung wie Nahrungserhalt und Nahrungserwerb hinweist.

Die Behörden in Deutschland haben inzwischen die Schreibweise „ei" übernommen und sich der Rechtschreibung des „Duden" angeschlossen. Auch in der Neufassung des Bundesjagdgesetzes ist die Schreibweise mit „ei" verankert, so daß die Schwelle „von ai auf ei" überschritten zu sein scheint. Viele Jäger (um nicht zu sagen: die meisten) schreiben heute (1995) noch „ai", weil sie es so gewohnt sind und es in der Jagdpresse und in den Verlautbarungen der Jagdverbände nicht anders lesen, vielleicht auch aus persönlicher Einstellung. Andere Jäger wiederum möchten sich nicht nachsagen lassen, daß sie die um 1935 apodiktisch befohlene Schreibweise mit „ai" heute noch ideologisch verteidigen.

Wenn wir uns daran erinnern, daß Löns Heide mit „ai" schrieb, weil – wie er meinte – dieses Wort dadurch einen wärmeren Klang erhält, sollten wir so tolerant sein, sowohl „ai" als auch „ei" zu akzeptieren. Tatsächlich wird es in der Umgangs-Schreibweise so gehandhabt, wenn auch eine mehrheitliche Wandlung zum „ei" offenbar nicht aufzuhalten ist. Eine ähnliche Entwicklung hat auch das Wort „Bürschen" (Birschen) durchgemacht, das heute durchweg mit „P" geschrieben wird, während sich die Schreibweise „Wildbret" allenthalben gegen „Wildpret" durchgesetzt hat.

Angesichts der unaufhaltsamen Strömungen, die der Entfaltung des Brauchtums mit der Sprache und den Schreibgewohnheiten des Jägers unterworfen sind, können wir mit Gelassenheit die Entwicklung des orthographischen Reifeprozesses abwarten und in diesem Buch noch an der traditionellen Schreibweise „ai" festhalten.

Allgemeines

Die Jagd oder das Waidwerk ist edel und galt als adelig oder hohes Vergnügen. Der Jäger oder Waidmann zieht zur Jagd aus oder geht zur Jagd. Er führt als Gewehr Büchse, Flinte, Drilling, Doppelbüchse usw., sein Gewehr hat Brand, wenn es eine gut tötende Wirkung hat. Als blanke Waffen führt er die Saufeder, das Waidblatt, den Hirschfänger, das Waidmesser, den Nicker oder Knicker. Mit dem Waidmesser schärft er auf oder ab und nickt ein Stück Rehwild ab. Mit den übrigen blanken Waffen fängt er ab, entweder hinter dem Blatt oder auch bei Kahlwild mit dem Kälberfang auf dem Stich. Mit dem Waidblatt wird auch das Schloß aufgeschlagen. Das Absägen des Geweihes, Gehörns pp. wird Abschlagen genannt. Man erlegt ein Stück Wild, bringt es zur Strecke, streckt es gerecht oder legt Strecke, bricht es auf, zerwirkt es (aus der Decke schlagen) und zerlegt es (Zerteilen des Wildbrets). Man versteht heute vielfach unter Zerwirken = aus der Decke schlagen *und* Zerlegen. Ursprünglich wurde jedoch unter *Zerwirken* nur das „Aus-der-Decke"-Schlagen verstanden. Das Zerteilen des Wildbrets nannte man *Zerlegen.* Das Aus-der-Decke-Schlagen heißt beim

Schwarzwild und Dachs *abschwarten,* beim Hasen, Kaninchen und beim Haarraubwild *abbalgen.*

Der Gruß des Jägers ist *Waidmannsheil,* der Gegengruß lautet ebenfalls Waidmannsheil! Will der Jäger sich bedanken, z. B. für die Überreichung des Schützenbruches oder für den Wunsch „Waidmannsheil" nach Erlegung eines Stückes Wild o. ä., so sagt er *Waidmannsdank*! Um jemanden zu ehren, wird ein *Horrido* ausgebracht, auf welches die Anwesenden dreimal mit *joho* antworten. Um einen anderen auf einen Hirsch aufmerksam zu machen, ruft man *Tajo!,* bei einem Schwein *Wallo!,* bei einem Hasen *Harro!,* beim Flugwild *Tiro!* und beim übrigen *Wahrto!* Manche dieser Worte sind heute kaum noch gebräuchlich. Liegt eine Neue, so kreist der Jäger auf Sauen, da ihm der *weiße Leithund* zeigt, wo Wild gewechselt ist.

Jagdhunde

Der Jäger führt seinen Hund am Riemen, der an der Halsung befestigt ist. Er hängt mit dem Schweißhund auf der Fährte des zur Hohen Jagd zählenden Wildes am Riemen nach. Der Gebrauchshund sucht Niederwild frei verloren. Die Fährte pp. kann warm oder kalt sein. Der Jagdhund bringt das Huhn, Hasen, Fuchs usw. Der Hund steht im ersten, zweiten pp. Feld, der Schweißhund hat ein, zwei, drei usw. Behänge hinter sich. Der Hund ist fährtensicher, spursicher, auch fährtenrein, er gibt Laut oder Hals, hat einen lockeren Hals, er kann Totverbeller oder Totverweiser sein. Ein vielseitiger Jagdhund muß ein guter Verlorenbringer sein, auch soll er gut vorstehen und hasenrein sein und Hühnern nicht nachprellen. Krankes Schalenwild stellt der Hund, gibt Standlaut (auch „Bail" genannt). Rehwild zieht er auch wohl nieder und würgt es ab. Der Hund hat gute oder schlechte Nase, auch „keine Nase", er hat Behänge, ist wohl oder gut behangen, hat Läufe, eine Rute (Säbelrute, kupierte Rute), die Hündin wird heiß (Hitze), wird vom Rüden belegt (die beiden hängen) und wird trächtig, sie wölft oder wirft mehrere Welpen, einen sogenannten Wurf.

Der Hund wird geführt bzw. abgeführt, er wird an- oder abgehalst, zur Hetze wird er angeschnallt, er fällt eine Spur oder Fährte an, er nimmt sie auf und arbeitet sie. Verliert er die Fährte, so hat er sich verschossen. Um diese wiederzufinden, schlägt oder greift er vor, umschlägt einen Busch oder ein Feld, um sich Wind zu holen. Werden zwei Hunde zusammen an einer Leine geführt, so spricht man von einer Koppel, die Hunde werden aufgekoppelt bzw. abgekoppelt. Hat ein Hund sich so fest verbissen, daß er nicht mehr losläßt, so hat er sich verfangen. Der Hund kann das Wild anschneiden, er kann auch ein Totengräber sein, wenn er das Wild eingräbt. Springt der Hund dem flüchtenden oder abstreichenden Wild auf einen Schuß nach, so ist er schußhitzig. Falls er auf den Schuß hin furchtsam davonläuft, ist er schußscheu. Wenn er die Leine oder den Schweißriemen durchbeißt, so schneidet er sich ab. Der Hund kann mit tiefer oder hoher Nase suchen. Der Gebrauchshund muß vorstehen und buschieren oder stöbern können.

Jagdarten

Man unterscheidet Suchjagd, Treibjagd (Vorstehtreiben[1]), Kesseltreiben, böhmische Streife, Riegeljagd, Drückjagd, Klapperjagd, Pürsch(e), Ansitz, Anstand, Lockjagd. Man sitzt auf dem Hochsitz, Hochstand, Jagdkanzel oder am Schirm. Geht beschossenes Wild über die Grenze, so übt man Wildfolge oder Jagdfolge aus. Der Jäger jagt waidgerecht, er ist ein hirschgerechter Jäger. Er verhört den schreienden Hirsch, das balzende Federwild (für letzteres in Süddeutschland verlosen oder verlusen). Er blattet, bedient sich des Hirschrufs, der Hasenquäke und anderer Wildlocken, reizt auf den Fuchs mit der Hasenklage oder mäuselt. Der erfahrene Jäger holt sich Wind und pürscht das Wild unter Wind an, um es nicht zu vergrämen. Er geht in Anschlag (backt an), drückt ab (läßt fliegen oder fahren, macht Dampf), wenn er das Ziel richtig erkannt hat, sofern das Büchsenlicht (Fernrohrlicht) noch ausreicht. Er muß wissen, wo er beim Schuß abgekommen ist.

Als *Jagdfieber* bezeichnet man das Aufgeregtsein bei der Jagd, z. B. wenn Wild anwechselt, als *Schußfieber* das Aufgeregtsein (Zittern) unmittelbar vor dem Schuß. *Schußhitzig* ist ein Jäger, wenn er es nicht abwarten kann, (etwas) zu schießen.

Hat er ein Stück angeschossen[2] (bei Niederwild) oder angeschweißt, auch krank geschossen (bei Hochwild), als er dem Stück die Kugel antrug, so hütet er sich, es anzurühren oder das kranke Stück aufzumüden. Ungünstig sind Krellschüsse, Wildbretschüsse, Streifschüsse.

[1] Es heißt Treiben und nicht Trieb. Triebe haben die Bäume. In Süddeutschland wird jedoch anstatt „Treiben" auch „Trieb" gebraucht.

[2] Anflicken, ankratzen, anbleien sind keine gerechten Ausdrücke.

Unter *Schußzeichen* verstehen wir das Wahrnehmen des Kugelschlages und das Zeichnen des beschossenen Stückes – also wie es auf den Schuß reagiert.

Unter *Pürschzeichen* verstehen wir die Merkmale am Anschuß: Schweiß (auch dessen Farbe), Schnitthaar, Knochensplitter, Wildbretteilchen, Deckenfetzen, Panseninhalt, Eingriffe und Ausrisse der Schalen – auch der Kugeleinschlag.

Der Jäger beginnt mit der Nachsuche. Hat er keinen guten Hund, der fährtenrein ist, und findet das kranke Stück nicht (auch am nächsten Tag), so hat er es zu Holze geschossen; dies kann dann passieren, wenn die Kugel z. B. waidwund sitzt. Die Folge ist, daß das Stück verludert. Arbeitet der Hund gut und führt zu dem Stück, welches im Wundbett sitzt, so gibt der Jäger den Fangschuß oder fängt das Stück mit der blanken Waffe ab. Bei krankem Federwild nennt man das Töten abfedern, Hase oder Kaninchen werden abgeschlagen. Das Schalenwild wird aufgebrochen. Dieser Vorgang heißt bei Hase und Kaninchen auswerfen, bei Wildhühnern ausfahren, allem übrigen Federwild mit Ausnahme der Schnepfe aushaken.

Nach beendeter Jagd wird die Strecke gelegt und gerecht verblasen, alsdann beginnt das Schüsseltreiben oder der Knödelbogen. Jagdliche Verstöße werden durch das Jagdgericht geahndet. Wer unwaidmännisch jagt, ist ein Schießer oder Aasjäger, auch Jagdschinder genannt. Der waidgerechte Jäger dagegen jagt anständig, er hegt seinen Wildbestand, auch mit der Büchse.

Wenn der Wind schlecht ist, bekommt das Wild vom Jäger *Wittrung*, die von der Witterung, dem Wetter, zu unterscheiden ist. Der Jäger spricht von seinen *Waidgesellen* oder *Waidgenossen,* auch von den Jägern schlechthin.

Der Deutsche Jagdschutzverband (DJV) hat die alten jagdlichen Titel nur zum Teil verwendet. Die Vorsitzenden der Kreisorganisationen und die Berater der Jagdbehörden heißen Kreisjägermeister oder Kreisjagdmeister; traditionell wäre es, wenn der zweite Vorsitzende des Landesjagdverbandes Oberjägermeister und der erste Vorsitzende Landesjägermeister genannt würden, wie im Saarland und auch in Österreich. Dem Vorsitzenden des DJV stände dann der Titel Bundesjägermeister zu.

Hochwild

Rotwild

Man unterscheidet je nach dem Standort Berg-, Gebirgs-, Auen-, Ried-, Heide-, Sandhirsch oder, noch lokaler, Alpenhirsch, Taunushirsch, Harzhirsch usw. Das männliche Stück heißt Hirsch, Rothirsch, Edelhirsch (Geweihter). Das weibliche Tier[1], Rottier, Edeltier, als Sammelname auch Kahlwild, Mutterwild. Das Junge heißt Kalb, und je nach Geschlecht Hirschkalb, Tier- oder Wildkalb. Das Wildkalb wird am 1. April des auf die Geburt folgenden Kalenderjahres Schmaltier. Als Stichtag gilt der Beginn des Jagdjahres, der 1. April. Wenn das Tier in einem Alter von zwei Jahren nicht setzt, wird es ein übergehendes Tier, sobald es gesetzt hat, heißt es Alttier. Ein Rudel (oder auch Trupp) Kahlwild wird geführt von dem Kopf- oder Leittier (auch Hindin). Das Hirschkalb wird am 1. April des auf die Geburt folgenden Kalenderjahres Schmalspießer, wenn er die Spieße gefegt hat, Spießer, auch Rotspießer genannt. Ein Hirsch vom ersten, zweiten, dritten bzw. vierten Kopf ist 1, 2, 3 bzw. 4 Jahre alt – es gelten also stets die vollendeten Lebensjahre. Die weiteren Stufen sind Gabler, auch Gabelhirsch, Sechser oder Sechsender, Achter oder Achtender, Zehnender (Kronenzehner, Eissprossenzehner, Wolfssprossenzehner) usw.

Der Hirsch kann ein gerader oder ungerader Achter usw. sein. Schiebt der Hirsch kein Geweih, so spricht man von einem Mönch oder Plattkopf. Hat das Geweih eine Krone, so spricht man von einem Kronenhirsch. Die Krone kann verschieden ausgebildet sein, zum Beispiel als Becher-, Hand- oder Doppelkrone. Das Geweih kann schwach oder gering sein, zeigt es keine gute Veranlagung, so spricht man von einem Abschußhirsch oder abschußnotwendigen Hirsch, ist die Veranlagung dagegen gut, so handelt es sich um einen Zukunftshirsch, sofern er noch jung, noch nicht reif ist.[2] Der Hirsch wird ein jagdbarer oder guter Hirsch, gegebenenfalls hochjagdbarer und endlich Kapitalhirsch, auch Haupthirsch. Der Hirsch setzt das Geweih auf, es wird von ihm geschoben und abgeworfen. Es ist gut, brav, stark, kapital, edel, aber nie schön. Es sitzt mit Rosen auf den Rosenstöcken und besteht aus zwei Stangen, die als Enden Augsprossen, Eissprossen, Mittelsprossen und Gabel oder Krone tragen. Das Geweih hat Per-

[1] In Süddeutschland auch „Stuck“ genannt.

[2] Maßgebend für die Bezeichnungen im einzelnen sind die Bejagungsrichtlinien, die in den Hegegemeinschaften (oder in den Ländern) Gültigkeit haben.

len, ist gut oder stark geperlt und zeigt in der Längsrichtung Riefen, Rillen, Furchen. Wenn das Geweih geschoben wird, ist es mit Bast bedeckt (Kolbenzeit, Bastzeit).

Bis zur Beendigung der Kolbenzeit und bei jungen Hirschen spricht man von Grashirschen, weil die Hirsche bis dahin noch keine Körner geäst haben. Nachdem das Geweih fertig vereckt ist, wird der Bast abgefegt, die Bastfetzen heißen das Gefege. Das spätere Fegen in der Feistzeit und Brunftzeit nennt man Schlagen. Wenn der Feisthirsch vom Felde zu Holze zieht, so nennt man das Kirchgang, dabei macht er oft einen Widergang. Wenn in der Feistzeit junge Hirsche miteinander kämpfen, so nennt man das Scherzen.

Häufig sucht der Hirsch, seltener das Kahlwild, die Suhle auf. Beim Hirsch steht dann ein Trittsiegel mitten im Bett, der sogenannte Schloßtritt. Das Auseinanderschlagen von Ameisenhaufen heißt das Wimpelschlagen. Beim Ziehen im lichten Holz wendet der Hirsch Zweige und Blätter mit dem Geweih um, er macht das Gewende, auch Wenden oder Himmelszeichen genannt, als Himmelsspur wurde dagegen von den Alten auch die Fegestelle benannt. Die Losung des Hirsches ist nicht regelmäßig von der des Tieres verschieden, das Rotwild löst sich und näßt. Beim Ziehen drückt das Rotwild Schalen und Ballen ab, in weichem Boden auch die Oberrücken oder das Geäfter. Der Eindruck eines Laufes heißt Tritt, wenn er sehr klar zu sehen ist, auch Trittsiegel; mehrere hintereinander stehende Tritte bilden die Fährte. Der Hirsch macht beim Ziehen häufig den Zwang, auch wohl das übermachte Zwingen. Tritt er mit dem Hinterlauf genau in die Fährte des Vorderlaufes, so entsteht der Schluß. Wenn der Hirsch den Schluß macht und die Fährte steht sehr klar im nassen Sande, so nennt man das die „reine Fährte“.

Die Rundung an der Spitze der Schalen sind die Stümpfe. Den äußeren Schalenrand nennt man Schalenwand oder Sensel. Die in der Fährte stehende kleine Erhöhung ist der Burgstall oder das Grimmen. Wenn der Hirsch mit dem Hinterlauf über den Vorderlauf hinwegtritt, so nennt man das Übereilen, eine Folge dieses Übereilens ist das Vierballenzeichen, bleibt er mit dem Hinterlauf hinter dem Vorderlauf zurück, so entsteht das Zurückbleiben, auch Hinterlassen genannt oder die Erfüllung. Steht der Hinterlauftritt etwa bis zur Hälfte oder auch etwas weiter auf dem Vorderlauftritt, so spricht man vom Ereilen. Stehen beide Fährten seitwärts nebeneinander, so entsteht der Beitritt, wenn sie sich seitwärts kreuzen, der Kreuztritt. Tritt der Hirsch mit dem Hinterlauf nicht genau in die Fährte des Vorderlaufes, dann erscheint die Fährte häufig breiter, als sie in Wirklichkeit ist – er macht das Blenden, hierbei entsteht häufig an den Stümpfen das Reifchen. Der Hirsch macht das Insiegel und das hohe Insiegel, er schränkt oder macht den Schrank. Die zwischen den Schalenspitzen hochstehende Erde nennt man das Näslein, die Verlängerung davon das Fädlein. Infolge seines Gewichtes schneidet der Hirsch mit den Schalenwänden Gras ab, er macht den Abtritt. Klemmt sich dieses Gras zwischen die Schalen und fällt später beim Weiterziehen heraus, so entsteht der Einschlag. Wenn das Wild den Bodenüberzug mit den Läufen fortschlägt, so plätzt es.

Das Wild tut sich nieder im Bett; wenn es sich niedergetan hat, so sitzt es.[1] Das Wild steht im Revier, es hat seinen Stand darin (Standwild), es wechselt aus, wenn es das Revier verläßt. Es wechselt oder zieht auf den Wechsel, wenn es von einem Ort zum anderen zieht. Es nimmt Äsung auf, äst sich, verbeißt und schält, es schöpft, es ist feist, gut bei Wildbret. Bei geringer Äsung kommt das Wild ab, es kümmert (auch infolge von Krankheiten und Verletzungen), solche Stücke heißen Kümmerer. Im ruhigen Revier ist das Wild vertraut, es zieht vertraut. Das Rotwild zieht, trollt, wird flüchtig, es überflieht oder überfällt Hindernisse, es durchrinnt einen Wasserlauf. Die Begattungszeit heißt Brunft oder Blohm, Brunftzeit. Dann steht der Platzhirsch bei seinem Brunftrudel auf dem Brunftplatz. Der Hirsch beschlägt ein Tier, es ist dann beschlagen, zu Ende der Tragezeit hochbeschlagen.

Der Hirsch schreit, röhrt, orgelt in der Brunft, er trenzt und knört, er flehmt, wenn er die Lefzen hochzieht. Das Wild schreckt, wenn es gestört wird. Das Alttier schreckt bei Gefahr und mahnt, um dem Kalb ein Zeichen zu geben. Im Schmerz klagt das Wild. Das Tier setzt, es hat Setz- oder Satzzeit. Das Wild bricht im Schuß zusammen, es stürzt und verendet, infolge Krankheit oder eines alten Schusses geht es ein. In der Brunftzeit kämpft der Hirsch, er schlägt die Beihirsche ab, er forkelt sie auch mitunter.

Das Rotwild hat ein Haupt – in Süddeutschland auch Grind genannt –, einen Windfang und Äser oder (ungebräuchlich) Geäse. Im Äser liegt der Lecker oder Graser, am Oberkiefer sitzen die Grandeln, Haken oder Kusen. Unterhalb der Lichter sitzen die Tränenhöhlen oder Tränengruben, die Ohren heißen Lauscher oder Luser; der Hals heißt Träger, an ihm sitzt beim Hirsch die Brunftmähne oder der Brunftkragen. Das Kahlwild und das Hirschkalb haben zwischen den Lauschern zwei Brunftfalten. Die Schulterblätter heißen Blätter und werden zusammen mit den ersten drei Rippen auch Vorschlag

[1] Wenn ein Stück Wild „liegt", ist es verendet.

genannt. Die Brustpartie unter dem Träger heißt Stich, zwischen den Vorderläufen liegt der Brustkern. Die Bauchseiten heißen Flanken oder Flämen, der Rücken heißt Rücken oder Ziemer und teilt sich in Vorderziemer und Wedelziemer.

Der Hirsch hat eine Brunftrute und Brunftkugeln (Kurzwildbret) sowie einen Pinsel. Der Brunftfleck oder Brunftbrand ist ein größerer dunkler Fleck, der sich während und nach der Brunft am Bauch um den Pinsel zeigt. Das Tier hat ein Feuchtblatt oder Feigenblatt, und wenn es führt, ein Gesäuge. Das Rotwild hat einen Spiegel und einen Wedel, eine Haut oder Decke mit Haar oder Farbe, es färbt sich und hat nach der Färbezeit verfärbt. Im Träger liegen die Drossel mit Drosselknopf und der Schlund. Herz, Lunge und Leber sind das Geräusch oder Gelünge; der Pansen, Wanst oder Waidsack bildet das große Gescheide, die Gedärme sind das kleine Gescheide. Geräusch und Gescheide zusammen bilden den Aufbruch. Die Gebärmutter heißt Tracht, das Fleisch Wildbret. Das Blut ist, sobald es aus dem Wildkörper heraustritt, überhaupt sichtbar wird, Schweiß, dagegen im Wildkörper (in den Adern) Blut. (Das Stück verendet z. B. an innerer Verblutung.) Das auf dem Wildbret sitzende Fett heißt Feist, das am Gescheide sitzende Fett Unschlitt, auch Inselt. Das Wild äugt, windet, wittert, vernimmt, sichert, verhofft.

Elchwild

Elchhirsch, Elchtier, Elchhirschkalb, Elchtierkalb. Die auf dem Träger stehende kurze Mähne heißt Schopf, der behaarte Kehlbeutel heißt Bart. Der männliche Elch wird Spießer, Gabler und Stangenelch oder aber ein Schaufler, geringer, angehender, starker, kapitaler oder Haupt-Schaufler genannt. Die Schaufeln teilen sich in die Vorderschaufeln und Hauptschaufeln. Beim Trollen wird das durch das Knacken der Gelenke und durch den Anschlag der Schalen an die Oberrücken hervorgerufene Geräusch Schellen genannt. Bei Störungen läßt das Elchwild häufig ein Schnauben hören. – Sonst wie beim Rotwild.

Damwild

Damhirsch, Damtier, Damschmaltier, Damhirschkalb, Damwildkalb. In der ersten Geweihbildungsstufe heißt das männliche Stück Damspießer, auf der zweiten Stufe Zweiköpfer, auch Knieper oder Sproßler, auf der dritten Löffler, auch Dreiköpfer, später Halbschaufler, angehender Schaufler, dann guter, starker Schaufler und endlich Kapital-

oder Hauptschaufler. Das hakenförmige Ende am hinteren Teil der Schaufeln bezeichnet man als Schauflerhaken oder Dorn. Das Mahnen nennt man auch Gluchsen. – Sonst wie beim Rotwild.

Muffelwild

Muffelwidder, Muffelschaf auch Wildschaf, Schmalschaf, Widderlamm, Schaflamm. Der Widder wird als einjähriger, zweijähriger, dreijähriger usw. Widder bezeichnet, auch guter, starker, kapitaler Widder. Er trägt eine Schnecke, die aus den beiden Schläuchen besteht. Hornbildungen bei Schafen werden Stümpfe genannt. Meistens haben Widder auf beiden Flanken den Sattelfleck, die Schabracke, oder den Schneefleck. Fehlt dieser, so spricht man von einem Schwärzling. Den Warnlaut der Widder und Schafe nennt man Pfeifen, den Lockton der Schafe und Lämmer Meckern, das Blöken der Schafe Bähen. Den Haarwechsel nennt man Verhären. Das Bewegen der Lefzen und Kiefer nennt man Muffeln. Unter Flehmen versteht man das Aufstülpen der Oberlippe als Reaktion beim Einatmen der Brunftwittrung. – Sonst wie beim Rotwild.

Gamswild

Das oder der Gams, Gamsbock, Gamsgeiß, Schmalgeiß, Gamskitz (Bockkitz, Geißkitz). Man spricht auch von Laub-, Latschen-, Wald- und Pechböcken. Der Gamsbock ist ein Jährling, zweijähriger, dreijähriger usw. Bock, guter, starker und Kapitalbock. Er hat auf dem Rükken den Gamsbart oder Wachler (Bartgams) mit dem Reif, der Bart ist angereimelt. Den Haarwechsel nennt man Verhären. Das Gams trägt Krucken, Bockkrucken und Geißkrucken. Die Krucken können gut oder schlecht gehakelt sein. Sind die Krucken mit Latschenpech bedeckt, so spricht man von Pechböcken. Das Haupt heißt Grind. Eine dunkle Farbvarietät heißt Kohlgams. Aus der Decke entwachsende Horngebilde nennt man Hauthörner. Am Nacken hinter den Krucken sitzt die Brunftfeige, bei den Geißen weniger stark anschwellend als beim Bock. Im Pansen der Gams kommen Bezoarsteine oder Gamskugeln vor. In der Brunft blädert der Bock, beim Treiben keucht er auch. Der Warnruf des Gams heißt Pfeifen. Geißen, Kitze und geringe Gams nennt man Scharwild, Faselzeug oder Geraffel. Das Gams hat Einstände, zu denen vielfach gezwungene Wechsel oder Zwangswechsel führen. – Sonst wie beim Rotwild.

Schwarzwild

Sauen, die Sau oder ein Stück Schwarzwild, Keiler, Bache, Frischling. Am 1. April des auf die Geburt folgenden Kalenderjahres werden die Frischlinge Überläufer (Dezemberfrischlinge rechnen zum neuen Jahr), Überläuferkeiler, Überläuferbache. Wir unterscheiden:

- geringe Sauen = Frischlinge und Überläufer,
- grobe Sauen = zweijährige und ältere.
- Bei den Keilern sprechen wir von 2jährigen Keilern.
- 3- und 4jährige Keiler = angehende Schweine,
- 4- und 5jährige Keiler = hauende Schweine,
- 6jährige und ältere Keiler = Hauptschweine.
- Starke Keiler nennt man auch Bassen oder Kapitalkeiler.

Die Bache wird zweijährige, dreijährige usw. Bache genannt, auch starke oder auch alte Bache. Der vordere Teil des Kopfes heißt Wurf, die Ohren Teller oder Schüsseln, seltener Gehöre, der Rüssel mit Ober- und Unterkiefer *Gebrech.* Die Sau steht aber im *Gebräch,* sie nimmt Fraß, insbesondere Mast, Kerfe und Fallwild auf. Der Keiler hat im Unterkiefer Gewehre, im Oberkiefer Haderer. Die vier Eckzähne zusammen nennt man Gewaff (auch Waffen). Die Bache hingegen hat im Ober- und Unterkiefer Haken. Die Sauen haben eine Schwarte mit Borsten, auf dem Rücken Federn. Saufeder ist dagegen die blanke Waffe zum Abfangen der Sauen. Die Dünnungen heißen Wammen. Der Schwanz heißt Pürzel oder Federlein. Die Sauen rauschen (Rauschzeit), die Bache frischt. Vor den Hunden stellt sich das Schwarzwild, es geht durch, wenn es fortläuft, es wird von den Hunden wieder eingeholt, gepackt (Saupacker), auch festgemacht oder gedeckt, die grobe Sau schlägt dabei häufig die Hunde. Wenn die Sauen bei Schnee (weißer Leithund) eingekreist sind, so sind sie fest. Mehrere Sauen bilden eine Rotte, sie sitzen im Kessel, eine einzelne Sau im Lager. Sauen stecken im Revier, haben sich in einer Dickung gesteckt und schieben sich dort ein. Der angeschweißte Keiler und gelegentlich auch die führende Bache nehmen den Menschen an. Alte Keiler haben häufig eine dicke Kruste, das Schied, auf den Blättern sitzen, sie tragen einen Panzer, sogenannte Panzerschweine. Die Sau grunzt, schnauft, bläst, kreischt, klagt und wetzt mit den Gewehren. Das Fett nennt man Weißes, auch Weiß. Die Sau hat einen Magen oder Waidsack. – Sonst wie beim Rotwild.

Auerwild

Auergeflügel, Auerhahn, großer Hahn oder Hahnen, auch Urhahn, Auerhenne, Gesperre, auch Kette. Die Henne macht ein Gelege. Die rote Haut des Hahnes über den Augen heißt Rosen oder Flammen. Der Hahn hat ein grünliches, die Henne ein braunes Schild. Die verlängerten Kehlfedern heißen Federbart oder Kehlbart. Die gesträubten Halsfedern heißen beim balzenden (Balz) Hahn Balzkragen, die langen Schwanzfedern großer Stoß, die unteren kürzeren kleiner Stoß, der gesamte Stoß heißt Fächer, die einzelne Feder Schaufel. Auf der Flügelbeuge hat der Hahn den weißen Fleck. Das Auerwild hat Läufe, Füße, Ständer, an denen die Zehenstifte oder Balzstifte und die Nägel sitzen. Das Auerwild hat Schwingen und reitet ab, fällt auf dem Boden ein, fußt, tritt, steht auf demselben und schwingt sich auf seinem Schlafbaum oder Balzbaum ein, es stellt sich häufig um oder überstellt sich, auch verstreicht es. Es macht eine Fährte auch Geläufe. Im Sande hudert es (Huderplätze) und macht dabei eine Pfanne, es nimmt Steinchen auf, die im Magen bleiben, sogenannte Waidkörner oder Magensteine. Das Auerwild geht auf Äsung und verbeißt, es schöpft, wenn es trinkt. Das Auerwild tritt in die Balz oder Falz (Vorbalz, Hauptbalz, Nachbalz, Bodenbalz, Frühbalz, Sonnenbalz, Abendbalz). Der Hahn knappt (spielt sich ein, glöckelt, zählt, macht den Triller und den Hauptschlag, es schleift oder wetzt; die sich wiederholdende Folge des Balzgesanges nennt man Vers oder Spiel, auch Gesetz). Der Hahn tritt die Henne. Nach dem Einschwingen abends worgt (das Worgen) der Hahn, und falls er mißtrauisch ist, läßt er ein Kröchen hören, ist er dagegen sehr vertraut, so knappt er mehrfach, er schnackelt oder schnalzt. Die Henne lockt, indem sie gockt (Gocken), sie warnt, wenn sie den gokkenden Ton hart und mehrfach hintereinander hören läßt. Junges Auergeflügel piept. Der Jäger springt den Hahn an, dabei muß er darauf achten, daß der Hahn nicht vertreten wird. Bei dem Bestätigen des Hahnes ist es wichtig, die Balzlosung oder das Falzpech zu finden.

Niederwild

Rehwild

Rehwild auch Reh, Rehbock oder Bock, Ricke (Altreh), Rehgeiß, Geiß, Schmalreh, Kitz (seltener Kalb), Rehkitz oder weibliches Kitz, Rickenkitz, auch Geißkitz, Bockkitz, Spießbock, Gabelbock, Sechserbock, auch Achterbock, Kreuzbock, guter, starker, kapitaler Bock. Der Bock trägt ein Gehörn[1], Gewicht oder Gewichtl, auch Krone, Rehkrone genannt. Die Ricke hat am Feuchtblatt ein Haarbüschel, die sogenannte Schürze. Das Rehwild schreckt oder schmält, es fiept, macht das Angstgeschrei, der Bock keucht. Die Brunftzeit wird auch Blattzeit genannt. Der Bock springt aufs Blatt, wenn er auf einem Blatt – Buchen- oder sonstigem Blatt – oder einer Kunstblatte angeblattet wird. Das Rehwild steht in einem Sprung zusammen. Alte Ricken, die nicht mehr setzen, nennt man Geltricken. Bei Verletzungen des Kurzwildbrets bildet sich beim Rehbock ein Perückengehörn. – Sonst wie beim Rotwild.[2]

Hase

Rammler, Häsin oder Setzhase auch Satzhase, Junghase; der fast ausgewachsene Hase heißt Dreiläufer. Scherzhafte Bezeichnungen für den Hasen sind Krummer und Lampe. Der Hase hat einen Balg mit Wolle, er hat Seher, Löffel, Läufe und eine Blume. Die Hasen rammeln in der Rammelzeit. Die Häsin setzt, und zwar mehrmals im Jahr (erster, zweiter, dritter Satz). Der Hase macht eine Spur (der Brackenjäger spricht dagegen von der Hasen*fährte,* im Sauerland der „Faut“ genannt); er spürt sich. Er sitzt im Lager oder in der Sasse und drückt sich. Er wird durch die Jäger oder die Hunde aufgestoßen, aufgetan oder gehoben, er steht auf, nachdem er fest oder locker gesessen hat. Der Hase hoppelt, rutscht, springt oder macht einen Kegel, wenn er „Männchen“ macht, schlägt Haken, macht Absprünge und Widergänge. Er macht sein „Panier“, wenn er spontan wegflüchtet und dabei die Blume aufrichtet. Er durchrinnt Wasser und macht im jungen Getreide sogenannte „Hexensteige“. Der kranke Hase klagt und wird hinter die Löffel geschlagen, abgeschlagen. Er wird ausgeworfen, auch ausgeweidet, abgebalgt oder sein Balg wird gestreift.

Kaninchen

Die Kaninchen, auch Karnickel, graben sich Baue mit Röhren. Sie werden mit dem Frett oder Frettchen frettiert, wobei man häufig eine Kaninchenhaube vor die Röhre legt. In Not pfeift das Kaninchen gelegentlich. – Sonst wie beim Hasen.

[1] Zoologisch wird das Gehörn meistens „Geweih“ genannt. „Gehörn“ (Hornung) ist sprachwissenschaftlich die ältere Bezeichnung (Lindner).

[2] Alles Schalenwild hinterläßt im Trittsiegel eine „Fährte“, das übrige Haarwild verursacht eine Spur, Flugwild ein Geläuf.

Murmeltier

Das Murmeltier auch Murmentl, Mankei bezieht im Winter den Bau und hält Winterschlaf. Das Männchen heißt Bär, das Weibchen Katze, das Junge Affe. Das Mankei pfeift bei Gefahr. Murmelfett oder Mankeischmalz ist ein bekanntes Heilmittel. – Sonst wie beim Kaninchen.

Fuchs

Fuchs, Rüde, Fähe, auch Bätze, Jungfuchs. Nach der Farbe: Rotfuchs oder Birkfuchs, Brand- oder Kohlfuchs und Kreuzfuchs. Der Fuchs sitzt oder steckt im Bau, wenn er eingefahren ist (auch: zu Bau fahren), der Bau wird befahren. Später fährt der Fuchs wieder aus dem Bau. Er hat einen Fang mit Gebiß und Fängen, er hat Seher oder Lichter, Gehöre, Läufe mit Pranten oder Branten, eine Lunte oder Standarte, auf deren Oberseite die Viole oder Nelke sitzt. Die Spitze der Lunte heißt Blume (weiß oder schwarz). Der Fuchs hat einen Balg, wird abgebalgt oder gestreift (Fuchskern), der Balg ist innen weiß, wenn er vollwertig ist, sonst grün. Der Rüde hat eine Rute oder Fruchtglied, die Fähe eine Schnalle. In der Ranz- oder Rollzeit (wenn die Bätze rennt) ranzen oder rollen die Füchse. Die Fähe geht dann alsbald dick und wirft oder wölft eine Hecke oder ein Geheck, oder sie bringt Junge. Der Fuchs schleicht, schnürt, trabt, ist flüchtig. Er wird mit der Hasenquäke gereizt, oder er wird herangemäuselt und läuft dann an. Der Fuchs raubt, reißt seine Beute, maust und hält im allgemeinen seinen Paß (Fuchspaß). Der Bau besteht aus Kessel und Röhren. Man unterscheidet Hauptbaue, Notbaue, Notröhren, Fluchtröhren. Wenn Tekkel o. a. Erdhunde in den Bau einschliefen, so springt der Fuchs oder verklüftet sich, verliert sich. Der Fuchs bellt, keckert, klagt. Bei einer Neuen findet man leicht seine Spur.

Dachs

Dachs (Grimbart), Dächsin, Jungdachs. Der Dachs hat Pranken oder Branken mit Klauen und Nägeln, er hat eine Schwarte und wird abgeschwartet (Dachskern), er hat einen Pürzel, Bürzel, Zain oder Rute. Der Dachs bewohnt den Bau und sitzt im Kessel. Der Dachs schleicht und trabt, er geht zur Weide, weidet sich oder nimmt die Weide an, er sticht oder wurzelt nach Erd- oder Untermast. Der Dachs wird mit Hunden gegraben, dabei springt der Dachs gelegentlich, oder er schlägt auch die Hunde, wenn sie vorliegen, und verhängt sich mit ihnen. Sitzt er in der Endröhre, so macht man einen Einschlag und hält den Dachs mit der Dachsgabel oder Dachszange fest. Der Dachs hat ein Stinkloch, Schmalzröhre oder Saugloch, er hat Fett oder Weißes (Dachsfett, Dachsweiß). Die Dächsin bringt Junge.

Otter, Marder, Iltis, Wildkatze

Fischotter, Flußotter, Fischmarder, Otterrüde, Otterfähe oder Otterin. Der Fischotter steigt am Einstieg ins Wasser und fischt, am Ausstieg steigt er aus. Er fällt oder fährt auch ins Wasser, wenn er aufgescheucht ist; er geht an Land. Der Otter pfeift, hat Schwimmer, eine Rute und die Otterin eine Nuß. Der Otter ranzt.

Man unterscheidet den Edelmarder, Baummarder, Goldmarder, Waldmarder und den Steinmarder oder Hausmarder. Die Marder baumen oder holzen auf und ab (Aufstieg, Abstieg oder Absprung), sie baumen oder holzen fort. Der Marder murrt. – Sonst wie beim übrigen Raubwild.

Iltis, Ratz, Stänker, Ülk oder Ilk. – Wie beim übrigen Raubwild.

Wildkatze, Waldkatze oder Baumkatze; Kater oder Kuder, Kätzin oder Kietze. Die Wildkatze hat an den Zehen Waffen oder Krallen, sie hat den charakteristischen kleinen Sohlenfleck. – Sonst wie beim übrigen Haarraubwild.

Fasan

Fasanenhahn, Fasanenhenne (scherzhaft auch grauer Hahn genannt), gehört zum Federwild oder Flugwild. Dieses hat Ohren und Augen. Der Fasan hat einen Stoß, auch Spiel genannt, Ständer oder Füße mit Sporen. Die Federohren heißen auch Hörner, die Fittiche Schilder. Der Ringfasan hat einen weißen Ring. Der Fasan baumt auf seinem Schlafbaum auf. Er steht auf, geschieht das in großer Zahl, so spricht man auch von einem Bukett. Häufig verstreichen die Fasanen. Man spricht von einem Gesperre Fasanen (Henne mit Küken).

Rebhuhn, Wachtel

Hahn und Henne bilden ein Paar (Paarhühner), zusammen mit ihren Jungen eine Kette oder ein Volk. Die Hühner laufen (Geläufe), stehen auf, stieben auf, streichen, fallen ein, sie sitzen fest oder locker. Sie fallen auf die Weide oder das Geäse, sie weiden oder äsen. In ihrem Lager oder Geläger findet man das Gestüber. Der Jäger vesucht eine Kette zu sprengen. Die Hühner locken oder rufen, vor der Brust haben sie das Schild, die Jungen haben nach der Mauser geschildert. Der Jäger sucht die Hühner (Hühnersuche), beim Beschießen kann das Huhn geflügelt oder geständert werden, es himmelt auch. Die Hühner halten gut oder schlecht. Die Henne macht ein Gelege.

Die *Wachtel* hat die gleichen waidmännischen Bezeichnungen.

Trappe[1]

Trapphahn, Trapphenne. Der Hahn hat einen Federbart. Trappen haben eine Fährte, kein Geläuf. Die Trapphenne macht ein Nest. Der Hahn balzt. – Sonst wie beim übrigen Flugwild.

Birkwild, Haselwild, Rackelwild

Birkhahn oder Spielhahn, auch kleiner Hahn im Gegensatz zum Auerhahn (großer Hahn), Birkhenne. Der Stoß heißt Spiel, auch Leier oder Schere. Die äußersten gekrümmten Federn werden Sicheln genannt. Der Birkhahn faucht und bläst, kollert oder kullert, rodelt oder grugelt. – Sonst wie beim Auerwild.

Haselwild wie beim Auerwild. Der Hahn hat auf dem Kopf eine Holle. Die Stimmäußerung heißt in der Balz Spißen. Außerhalb der Balz Bisten.

Rackelwild wie bei den übrigen Waldhühnern.

Waldschnepfe

Waldschnepfe, Schnepfe, der Vogel mit dem langen Gesicht, hat einen Stecher, sticht auf den Stichstellen, sie „wurmt“, wo man auch die Losung findet: Sie hat gekälkt. Die Schnepfen stechen aber auch aufeinander beim Balzflug. Die Schnepfe streicht (Schnepfenstrich). Sie zieht, wenn sie auf dem Zuge ist. Die bei uns überwinternden Schnepfen heißen Lagerschnepfen. Die Schnepfe quorrt, quarrt oder murkst oder puitzt. Das Puitzen kann zum Quetschen werden. Man schoß die Schnepfe früher auf dem Strich, aber auch indem man mit dem Hund buschierte oder suchte. Heute ist nur noch die Herbstjagd (mit dem buschierenden Hund) erlaubt.

[1] Die Trappe gehörte früher zum Hochwild.

Enten und Gänse

Wildente, Entvogel oder Erpel, Ente. Mehrere Enten bilden einen Schoof (Schof). Mehrere Schofe bilden einen gering- oder starkzähligen Flug, mehrere hundert Enten eine Schar. Die Mittelfedern auf den Schwingen bilden den Spiegel. Die Enten reihen (Reihzeit) und bringen ihre Jungen aus. Die Enten haben Ruder oder Latschen, sie sitzen auf dem Wasser, rudern und fallen ein (Enteneinfall). Wenn sich die Ente im Wasser auf den Kopf stellt, so stürzt sie sich oder stürzt, um zu gründeln. Mausererpel heißt der Erpel in der Mauser. Die flügge gewordenen Jungenten sind flugbar oder beflogen.

Gänse und das übrige Wasserflugwild wie bei der Ente. Bei den Gänsen nennt man die Spitze des Oberschnabels Nagel.

Greifvögel

Die Greifvögel haben einen Schnabel mit einer krummen Spitze, dem Haken. Falken weisen einen markant ausgebildeten Falkenzahn auf. Die Haut oberhalb der Schnabelwurzel ist die Wachshaut. Die Greifvögel haben Augen mit Augenring, Fittiche mit Handschwingen, sie haben Gefieder, Ständer mit Hosen, Fänge oder Gewaff, sie haben einen Stoß und horsten (Horst). Im Horst ist das Gelege. Sie kreisen oder ziehen Kreise und stoßen dann auf ihre Beute, die sie schlagen und kröpfen. Das Gewölle speien sie aus. Sie baumen, blocken oder haken auf. Die Losung ist das Geschmeiß. Beim Kreisen in der Luft sehen wir das Flugbild.

Eulen

Von den Eulen, die natürlich nicht zum „Wild“ gehören, hatte im allgemeinen nur der *Uhu* im jagdlichen Bereich eine gewisse Bedeutung. Der Uhu oder Auf wurde früher zur Hüttenjagd benutzt. Er wurde auf die Jule oder Krücke gesetzt, und bald haßten Greifvögel und Krähen auf ihn. Um einen schläfrigen Uhu lebhafter zu machen, ließ der Jäger ihn durch Zug an der Fessel tanzen, damit er so die Krähen reizte. Der Uhu knappt und faucht.

Jägersage und Jägeraberglaube

Wir besitzen in den alten Volkssagen und Märchen, deren Sammlung und Überlieferung wir in erster Linie den Brüdern Grimm zu danken haben, ein unschätzbares Gut. Sitte und Brauch, Glaube und Weltbild versunkener Jahrhunderte, ja Jahrtausende werden uns in den uralten Sagen wieder lebendig. Bauern und Hirten, Jäger und Fischer, die örtlich gebunden lebten, waren die Träger der Sage, waren die Gestalten der Märchen. Wald und Feld, Wasser und Luft sind in der Sage belebt von Kobolden und Trollen, Zwergen und Riesen, Geistern und Dämonen.

Das romantische Leben der Jäger, das Im-tiefen-Wald-Weilen bei Tag und Nacht, im Dämmern des Abends, wenn die weißen Nebelschleier auf den Wiesen tanzende Elfen vortäuschten, wenn in stürmischer Nacht das Stöhnen und Ächzen der Bäume sich schaurig mit dem Rufe des Waldkauzes mischte – schuf die Vorbedingungen für das Entstehen jagdlicher Sagen. Merkwürdige Beobachtungen, die die Jäger gemacht zu haben glaubten, wurden von Mund zu Mund weitergegeben. Geschichten von Fabelwesen im Wald, die an nicht geheuren Orten auf alten Felsen oder Ruinen hausten, wurden erzählt und geglaubt. Die Sagen von Drachen, vom Werwolf, vom wilden Jäger, vom heiligen Hubertus sind gewiß zuerst von Jägern erzählt worden.

St. Hubertus

Der Schutzpatron der Jäger ist der heilige Hubertus. Früher wurde angenommen, daß es sich hierbei um eine in das Christentum übertragene Verkörperung des nordischen Jagdgottes Uller, nach den Göttersagen eines der Asen, des Stiefsohnes Thors, handelt. Der 3. November, der Hubertustag, klingt auch an Uller oder Wol an, da der Monat November ursprünglich dem Bogenschützen Uller geweiht war. Auch bei den Kelten galten die ersten Tage des November als heilig.

Aus der Geschichtsforschung wissen wir heute über St. Hubertus bereits mehr (A. Adam, J. B. v. Bistram). Seine Geburt als fränkischer Edelmann wird um das *Jahr 655* datiert. Als Glaubensbote in dem schwer zugänglichen Waldgebiet der Ardennen wurde er 709 Nachfolger des ermordeten Bischofs Lambertus in Maastricht-Tongern, später in Lüttich. *Hubertus starb 727.* Er wurde in der Peterskirche in Lüt-

Der heilige Hubertus.

tich beigesetzt. Sein missionarischer Eifer und sein Wohltätertum müssen offenbar außergewöhnlich gewesen sein. Mehrere Wunder, die er vollbracht haben soll, werden ihm zugeschrieben. Deshalb wurde er in der Bevölkerung sehr verehrt und als heilig angesehen. Die „Erhebung seiner Gebeine", d. h. seine Exhumierung, erfolgte am 3. November 743, seine Heiligsprechung 744, und die Überführung seines Leichnams 825 in das Benediktinerkloster Andain (südostwärts von Namur), in den Ardennen. Die Mönche nannten daraufhin das Kloster „St. Hubert". Es wurde zum Ziel vieler Wallfahrer. Der Reliquienschrein des Heiligen ging in den Wirren der Hugenottenkriege 1568 verloren. Nach Restaurierung der Wallfahrtsstätte ist die Basilika noch heute Zielpunkt zahlreicher Besucher, insbesondere nordwestdeutscher Jäger, um ihrem Schutzpatron zu huldigen.

Tatsache ist außerdem, daß die *Mönche von St. Hubert* durch die Züchtung guter *Jagdhunde* bekannt waren und mithin sich auch der Jagd gewidmet haben müssen. Eine Verbindung dieser Abtei mit der europäischen Jägerschaft, insbesondere den Fürstenhöfen, war dadurch gegeben (ADAM). Offenbar hat bereits hier die Pflege jagdlichen Brauchtums wichtige Impulse erfahren, so daß aus der verbreiteten Verehrung des heiligen Hubertus sich allmählich das Bedürfnis entwickelte, ihn zum Schutzpatron zu erwählen. Zu seinen Ehren wurden wahrscheinlich schon im 10. Jahrhundert vor gefährlichen Jagden

Votiv-Messen zelebriert, und später mehrere Hubertusorden gegründet.

Von diesen historischen Überlieferungen müssen wir das *Legendäre* trennen, das sich häufig um starke Persönlichkeiten in phantasiereichen Vorstellungen der Nachwelt bildet. Legenden sind eine besondere Form der Dichtung, wie auch heute noch in einem Roman geschichtliche Tatsachen mit dichterischen Zielvorstellungen in Verbindung gebracht werden.

Bei der Hirschlegende handelt es sich um eine uralte Wanderlegende, deren Ursprung auf buddhistische Überlieferungen Indiens zurückgeht und nach Erzählungen im vorchristlichen Mesopotamien der *Hirsch als Bote überirdischer Mächte* galt. Eine Verchristlichung ist dann im zweiten Jahrhundert nach der Zeitrechnung entstanden: Dem heidnischen römischen *Feldherrn Placidus* ist bei einer wilden Jagd ein Hirsch mit strahlendem Kreuz erschienen, der ihn aufforderte, zum christlichen Glauben überzutreten. Placidus hat sich daraufhin mit seiner Familie taufen lassen und den Namen Eustachius angenommen. Wegen seines Glaubens wurde er verfolgt und ist als *Märtyrer unter Kaiser Hadrian* gestorben.

Der heilige Eustachius (Albrecht Dürer, Kupferstich um 1500).

Nach dieser Legende galt der heilige *Eustachius* zunächst als der eigentliche Schutzpatron der Jäger. Er wird noch heute als solcher in Österreich und in anderen Ländern verehrt. Die Bekehrungsvision hat zahlreiche Künstler fasziniert und daraus Kunstwerke entstehen lassen, von denen u. a. der Kupferstich von Albrecht Dürer und das Gemälde von Lucas Cranach berühmt geworden sind.

Die Übertragung des Hirschmotivs auf den Heiligen Hubertus ist wahrscheinlich erst im 14. Jahrhundert entstanden (v. Bistram). In der Legende wird überliefert, daß Hubertus, nachdem seine junge Frau „Floribona“ bei der Geburt seines Sohnes Floribert starb, mit Gott und der Welt verfallen war und unter Mißachtung der göttlichen Gebote nur noch der wilden Jagd lebte, um dabei sein Leid zu betäuben. An einem Feiertag habe er einen Hirsch verfolgt „sonderlich groß und schön“ und mit Hilfe seiner Meute gestellt. Als er sich anschickte, ihn zu erlegen, sah er zwischen den Geweihstangen das Kreuz des Herrn aufleuchten. Zugleich hörte er eine Stimme, die ihn zur Umkehr ermahnte. Hubertus sei in die Knie gesunken und habe gelobt, nur noch der Verbreitung des christlichen Glaubens zu dienen.

Aus diesem Erlebnis und seinem Gelübde soll Hubertus befähigt gewesen sein, ungewöhnlich viele Erfolge in seiner missionarischen Tätigkeit gehabt zu haben, die ihm sogar die Würde des Bischofs einbrachte.

Während von St. Eustachius das Hirschmotiv mit dem Glaubenswandel unmittelbar weitererzählt wurde, ist dem St. Hubertus erst 600 Jahre nach seinem Tode die Hirschlegende nachgetragen worden. Die Heiligsprechung ist bei ihm also nicht aufgrund der Hirschvision veranlaßt, sondern wegen seiner Verehrung als Wohltäter und Missionar. Dennoch müssen wir angesichts des wundersüchtigen Mittelalters vermuten, daß im 13. und 14. Jahrhundert die gläubigen Jäger Nordwesteuropas gemeinsam mit den jagdlichen Ambitionen des Benediktinerklosters St. Hubert ihrem Heiligen die Hirschlegende des St. Eustachius in abgewandelter Form nachgetragen haben. Hierdurch erhielt der damals sehr ausgeprägte Hubertuskult einen noch größeren Auftrieb.

Der tiefere Sinn der Legende mit dem kreuztragenden Hirsch ist nicht nur für Jäger, sondern für alle Menschen die *göttliche Ermahnung, das eigene Handeln zu überprüfen, eine hohe Rangordnung des Lebensauftrages anzustreben, Fairneß dem Menschen und allen Kreaturen gegenüber zu üben, sich immer wieder neu dem Guten zu verpflichten, den Schöpfer im Geschöpfe zu ehren.*

Aberglaube

Von jeher waren die Jäger abergläubisch. Neben den Sagen vom Wilden Jäger und vom Nachtgejaid, vom Hubertushirsch und von nicht geheuren Orten, neben den Erzählungen von Fabelwesen aller Art, die Wald- und Felsschlucht bevölkerten, neben den unheimlichen Geschichten von Drachen, vom Werwolf und vom Tatzelwurm oder Daazlwurm spielte vor allem der Aberglaube bei den Jägern eine Rolle, der sich auswirkt in bestimmten Gebräuchen, die man innehalten muß oder besser: mußte, wollte man nicht den Jagderfolg gefährden. Begegnete dem ausrückenden Jäger ein Wolf, oder brach er gar vor seinen Augen in eine Herde Schafe ein, so galt das als gutes Vorzeichen, auch der Rabe war in dieser Hinsicht beliebt – also die beiden Tiere Wodans. Nach alter Göttersage trabten die beiden Wölfe „Gierig" und „Gehrlich" zu seiner Seite, und der Geheimnis erforschende Rabe umflog sein Haupt. „Wenn dagegen der Jäger zu Holtze zeucht und ihm unversehens und ungefehr etwa ein Haß, Rephun oder andere Gevögel oder zaghaffts Wild aufstößet, ist solches kein gut zeichen." Heute spielt vielleicht bei manch einem das alte Weib die Rolle des Hasen, und Odins Wolf und Rabe mögen durch Schornsteinfeger und junge Mädchen ersetzt sein.

Ist es denn nicht so, daß täglich auf der Jagd eigentümliche Dinge vorkommen, die man sich mit seiner Schulweisheit nicht recht erklären kann? Ein merkwürdiges Zusammentreffen, eine Serie von Pech oder Dusel kommen uns auch nicht so ganz geheuer vor, und manch zünftiger Jäger unterliegt auch heute noch gewissem Aberglauben.

Sicherlich, ganz ernstlich glaubt er wohl nicht daran, halb mischt sich der Schalk mit hinein, aber das war auch früher bei allem Aberglauben schon so. Die Alten glaubten auch nicht mehr so ganz fest an alle Rezeptlein und Tränklein, an ihr Besprechen und ihre Zauberformeln – aber trotzdem, besser war besser, und ganz genau konnte man es eben doch nicht wissen! Es soll auch heute noch Jäger geben, die umkehren und nach Hause gehen, wenn ihnen ein altes Weib auf dem Weg zur Jagd begegnet, oder die schon von weitem der Alten einen „Guten Morgen" entgegenrufen und hinter ihrem Rücken dann drei Kreuze machen, um den schlechten Zauber zu bannen. Man wird Pech auf der Jagd haben, wenn man eine gerade Zahl Patronen mitnimmt, es muß stets eine ungerade Zahl sein, besonders beliebt ist die Zahl 7 oder ein Vielfaches davon. Wünscht einer dem ausziehenden Waidmann etwa gar „Viel Glück" zur Jagd, so ist alles verloren. Da ist dem abergläubischen Jäger schon der Wunsch „Hals- und Beinbruch" lieber; denn dieser schlechte Wunsch wird sich in Gutes verwandeln. Katzen sind dem Jäger von jeher unsympathische Tiere, nicht nur draußen im Revier als Schädlinge des Niederwildes, sondern auch wenn sie ihm morgens über den Weg laufen. Ganz abergläubisch kann man werden, wenn man beobachtet, welchen Anlauf und welchen Dusel einzelne Jäger haben. Meistens ist das bei jungen Jägern der Fall. Ein Hauptschwein, hinter welchem die erfahrensten Jäger der weiten Umgegend jahrelang hergewesen sind, wird von irgendeinem Jüngling, der zum erstenmal eine Jagd mitmacht, zur Strecke gebracht. Es gibt Schützen, die man auf einer Saujagd hinstellen kann, wo man will, die Schwarzkittel kommen mit Sicherheit nur diesen Schützen!

Sehr verbreitet ist der Aberglaube, daß demjenigen, der ein weißes Stück Wild schießt, bald ein Unglück zustößt. Zum Beispiel schoß ein vorsichtiger, guter Jäger einen Fasanenhahn mit schneeweißem Gefieder und traf mit demselben Schuß einen Menschen in das Auge, so daß dieser erblindete. Bekannt ist auch das Beispiel des österreichischen Thronfolgers, Erzherzog Franz Ferdinand: Er schoß gegen den Rat seiner Jägerei einen weißen Gams, einen sog. Zlaterog. Ein dreiviertel Jahr später wurde der Erzherzog in Sarajewo ermordet.

Natürlich gibt es zahlreiche Jäger, die – abergläubisch oder nicht – ein weißes Stück Wild erlegt haben, denen deswegen nichts Böses widerfahren ist und die sich auch künftig über „diese Mär" hinwegsetzen.

Schweiß und Herzkreusel des Steinbocks sollen gegen fast alle Gebrechen helfen, die das Dasein einem geplagten Menschen bereitet. Dieser Aberglaube hat beinahe zur Ausrottung der stolzen Wildart geführt.

Auch die Bekleidung des Jägers gilt als wichtig: Es gibt Röcke und Hosen, „die gut schießen", Schlipse und Mäntel, die ihrem Träger Pech bringen. Vor allem sind neue Hüte verpönt. Auch die Wittrung des Jägers ist nicht ohne Einfluß auf den Jagderfolg. Sehr gute Wirkung soll man erzielen, wenn man ein junges Mädchen vor der Jagd über die Büchse oder Flinte springen läßt. Manche behaupten allerdings, es müßte unbedingt eine Jungfrau sein. Hat man beim Aufbruch zur Jagd etwas vergessen, etwa gar die Patronen, und muß zurückgehen, um den Gegenstand zu holen, so empfehlen alte Jäger, lieber gleich daheim zu bleiben, erbeuten werde man an dem Tage sicher nichts.

Diese Beispiele, die noch um ein Vielfaches erweitert werden könnten, ließen sich bei nüchterner Betrachtung als Unsinn abtun. Der Aberglaube schlechthin ist bekanntlich mit einer christlichen Weltanschauung nicht zu vereinbaren und sollte in dieser Einstellung folgerichtig abgebaut werden. Aberglaube belastet den Menschen in seinem Handeln, macht ihn unfrei und womöglich von Kräften abhängig, die nicht einmal aus dem Metaphysischen ernsthaft begründet werden können. Dennoch ist das Phänomen des Aberglaubens latent vorhanden; es schwelt gewissermaßen bei erstaunlich vielen Jägern, die es zumeist schicksalergeben hinnehmen.

Der Jägeraberglaube gibt aber auch Aufschluß über das besondere Verhältnis des Jägers zur Natur: Er erfährt sie in einer Lebensgemeinschaft, der er in Zuneigung verbunden ist, in die er aber auch eintritt, um zu töten. Dieser Zwiespalt zwischen Respekt vor dem lebendigen Ganzen und Vernichtung des einzelnen Lebens ist die geheime Ursache des Aberglaubens und mithin auch des jagdlichen Brauchtums. Wer nun allerdings den Jägeraberglauben für bare Münze nimmt, macht sich zum Knecht von Produkten der menschlichen Phantasie!

Jägerlatein und Jägerlied

Vor längerer Zeit war einmal in der Tagespresse ein Aufruf erschienen mit dem Inhalt, die Jäger sollten nunmehr aufhören zu lügen, das Jägerlatein sei eines Jägers unwürdig. Der größte Aufschneider aller Zeiten, Münchhausen, der uns seine köstlichen Lügengeschichten geschenkt hat, über die Generationen von Menschen gelacht haben, hätte sich im Grabe herumgedreht, wenn er diesen Erguß gelesen hätte. Der köstliche Humor, der aus tausend unglaublichen Jagdgeschichten klingt, der Schalk, der durch die Erzählungen fabelhafter Jagdabenteuer lacht, der Witz, der darin liegt, einem in der Jagd Unerfahrenen hanebüchene Geschichten aufzubinden – ist nicht unehrenhaft, sondern „wo, daß sich die Balken biegen, der Oberförster herzhaft lügt“, dort sind echte Waidmänner zusammen. Die Seebären spinnen ihr Garn, die Jäger erzählen Jägerlatein, d. h., sie geben lügenhafte, abenteuerliche Jagdgeschichten zum Besten, die jedoch glaubwürdig dargestellt sein müssen.

Das Jägerlatein ist uralt. Wie soll man anders den Bericht Caesars verstehen, der in seinem bellum gallicum (VI. 27.) schreibt, die Elche, die in Germaniens Urwäldern lebten, hätten keine Gelenke in den Läufen. Sie könnten sich daher nicht niedertun, sondern lehnten sich nachts, um zu ruhen, an Bäume an. Die Germanen sägten nun die Schlafbäume an, und die armen Elche fielen hin, könnten nicht wieder aufstehen und würden so die sichere Beute der germanischen Jäger. Sicher hat irgendein alter Germanenfürst Caesar beim kreisenden Methorn diesen Bären aufgebunden, und die alten Balken der gastlichen Halle werden sich gebogen haben; das Gelächter aber über diese schöne Jagdgeschichte schallt bis in unsere Tage. Schon die Assyrer erzählten Geschichten, deren Wahrheit zweifelhaft ist. Nach Röhrig wollen die Assyrer den Löwen dadurch überwältigt haben, daß sie ihm ein aufrecht gehaltenes Stück Holz in den Rachen stießen und ihm dann mit der in der anderen Hand geschwungenen Keule den Schädel einschlugen! Das klingt doch beinahe so, als wenn heute ein Jäger erzählt, er sei in den Karpaten von einem starken Bären auf seinem Hochsitz belagert worden, ein Gewehr habe er nicht bei sich gehabt, da sei ihm eingefallen, daß er einen Band moderner Gedichte in der Tasche trug, er habe dem Bären diese Gedichte laut vorgelesen, worauf derselbe vor Entsetzen aus der Haut gefahren sei – und so wurde der Erzähler auf wunderbare Weise gerettet!

Wieweit man mit der Erzählung unwahrer Jagdgeschichten gehen darf, ist eine Angelegenheit des Taktes und der guten Erziehung. Daß man als junger Mensch älteren Herren keinen Bären aufbindet oder sich über sie lustig macht, ist ebenso selbstverständlich wie die Tatsache, daß sich ein Nichtjäger, der in einen Kreis alter Jäger gerät, gefallen lassen muß, daß er angeführt wird. Das ist nun einmal bei den Jägern Brauch. Wenn der Angeulkte beleidigt ist, dürfte er wenig erreichen, am besten lacht er mit.

Jägerlied

Schönsten Ausdruck findet die Freude und die Begeisterung des Jägers an Wald und Wild, an Hunde-Laut und Hörner-Schall, am edlen Waidwerk in der jagdlichen Dichtung und im Jägerlied. Das Jägerlied ist auch Volkslied. Die Verfasser der Texte, die Komponisten der Melodien sind vielfach unbekannt. Nicht nur Jäger singen diese Lieder; zahlreiche Jägerlieder werden vom Volk bei sich bietender Gelegenheit gesungen. Wir haben einen Schatz alter Jägerlieder, die so voll feinster Natur- und Wildbeobachtung sind, die den Reiz der Jagd in so schöner poetischer Form ausdrücken, daß es ein Jammer ist, wenn die meisten Jäger diese schönen Lieder kaum noch auswendig kennen.

Vom norddeutschen Raum aus haben die Wanderlieder von Hermann Löns eine eigenständige, besondere Bedeutung erlangt. Es sind Volkslieder, die vielfach den Jäger in seiner Naturverbundenheit einschließen und wegen ihrer einprägsamen Verse und Melodien aus der Tradition der bündischen Jugend in kleinen Gruppen noch heute gern gesungen werden. Warum sollten die Jäger sich nicht wieder mehr dem Jägerlied widmen? Wie sehr wird allerdings dieses Bedürfnis von den bequemlichkeitsfördernden Massenmedien verdrängt!

Ein Muster des Volksliedes nennt schon Herder das alte Jägerlied:

„Es blies ein Jäger wohl in sein Horn
Und alles, was er jaget, das war verlor'n!"

Eine Pflegestätte des Jägerliedes waren und sind noch heute die studentischen Verbindungen an den forstlichen Lehrstätten. Aus den Kneipen der Forststudenten erklingen nach froh verbrachter Jagd die alten Weisen, deren Ursprung bis ins 16. Jahrhundert zurückreicht, wie z. B.

„Mit Lust tät ich ausreiten
durch einen grünen Wald"

oder:

„Ich schell mein Horn ins Jammertal,
Mein Freud ist mir verschwunden"

dann die alten hessischen Jägerlieder:

„Grüß dich Gott, du schöne Maid,
Jägerleben das macht Freud"

und

„In seine Nebelkapp gehüllt,
ging der Förster rauh und wild" –

Die schönste Jägerliedersammlung war im Verlag Hans Augustin in Hannoversch-Münden erschienen unter dem Titel: „Alte und neue Jägerlieder". Auch die äußere Ausstattung dieses Jägerliederbuches ist sehr geschmackvoll. Entzückende Vignetten, die in ihrer Darstellung dem Zeitalter des Liedes angepaßt sind, schmücken die Seiten. Vor allem junge Jäger sollten sich dieses oder ein ähnliches Liederbuch anschaffen und daraus unsere alten und neuen Jägerlieder singen. Sie können auf diese Weise die Poesie des Jagens neu beleben und das Waidwerk um stimmungsvolle Stunden bereichern.

Bruchzeichen

Die Bruchzeichen spielen von alters her bei den Jägern eine bedeutende Rolle. Die Kenntnis dieses alten Brauchtums hat einen besonderen Reiz. Mit diesen Zeichen verständigten sich die erfahrenen Jäger unauffällig miteinander, ohne daß Unberufene es merkten. Die Bruchzeichen sind aber auch geradezu Symbol der gerechten Jägerei. Die Sitte, das gestreckte Wild, den Leithund und sich selbst mit Brüchen zu schmücken, ist uralt. Schon Tristan schmückte sich nach der Jagd mit einem Lindenbruch und gab auch dem Jägermeister einen solchen. In den ältesten Verordnungen über die Jagd, in denen die Wildfolge behandelt wird, ist das Markieren der Stelle, an der das kranke Stück auf fremdes Gebiet überwechselte, durch Bruchzeichen vorgeschrieben. Beim Aufstellen von Wolfsfallen, in denen Menschen zu Schaden kommen konnten, sollten Wildbrüche aufgehängt werden, um Vorübergehende zu warnen, ohne das Wild zu stören.

Die Bruchzeichen entwickelten sich, der territorialen Aufgliederung des deutschen Raumes in zahlreiche Fürstentümer entsprechend, verschieden. Vor allem die Jägerhöfe, die Pflegestätten jagdlichen Brauchtums waren, wandten die Bruchzeichen unterschiedlich an.

In früherer Zeit, als die Menschen seßhafter waren und nicht so viel herumkamen, war das unwesentlich. In der heutigen Zeit jedoch, in der Entfernungen keine bedeutende Rolle mehr spielen und in der mitunter ein und derselbe Jäger in Norddeutschland auf Niederwild und in Oberbayern auf Bartgams jagt, ist eine Vereinheitlichung der Bruchzeichen anzustreben. Es ist durchaus wünschenswert, daß sich das jagdliche Brauchtum vielgestaltig in den einzelnen Gegenden Deutschlands erhält und daß gewisse Gebräuche, die örtlich bisher üblich waren, auch dort erhalten bleiben. Deshalb darf das Brauchtum, seinem Wesen entsprechend, auch nicht reglementiert werden. Gleichwohl sollte aber bezüglich der Bruchzeichen und der Jagdsignale in der deutschen Jägerei heute ein einheitliches Brauchtum üblich sein. Es wäre verwirrend, wenn ein bestimmtes Bruchzeichen in Bayern etwas anderes bedeuten würde als in Holstein. Es ist schon zur Vermeidung von Unfällen notwendig, daß man das Treiben in Hannover nicht anders anbläst als in Hessen oder in einem anderen deutschen Land.

Naturgemäß geht diese Festlegung auf eine Norm nicht ohne gewissen Zwang. Man wird einen Brauch, der hier und dort noch üblich war, nicht belassen können, sondern durch allgemeingültige Bräuche ersetzen müssen. Es ist z. B. bei den Bruchzeichen auch nicht möglich, nur auf der Überlieferung zu fußen, weil die Überlieferung eben zu vielgestaltig ist. Wir müssen hier und da Ergänzungen vornehmen, um die Zeichen völlig klar und eindeutig zu gestalten, was bei den alten Bruchzeichen durchaus nicht immer der Fall war. Wenn ein bestimmter Bruch aber mehrere Deutungen zuläßt, so ist er als Nachrichtenübermittler zwecklos, ja für den Jagdbetrieb schädlich, da er Verwirrung anstiftet. In der neuen Literatur sind die Bruchzeichen zum erstenmal klar dargestellt in LIPPERT „Vom Schuß an" und in FREVERT „Die gerechte Führung des Hannoverschen Schweißhundes". Die Bruchzeichen LIPPERTS sind nicht sämtlich altes Brauchtum, sondern sie sind in einigen Punkten von ihm ergänzt und verbessert worden. Diese Ergänzungen sind jedoch zur Klärung und besseren Unterscheidung sehr zweckmäßig und sollten daher allgemein beachtet werden.

Die Bruchzeichen müssen allen Jägern geläufig sein. Der jagdliche Nachwuchs soll sie erlernen und in den forstlichen und jagdlichen Examen sollten sie geprüft werden; zur Fortbildung der Jäger sollten die Bruchzeichen praktisch vorgeführt werden, um auf diese Weise eindeutig bekannt zu werden und zur Anwendung zu gelangen. Es geht bei den Bruchzeichnen nicht nur um die Pflege der Tradition und des Brauchtums, es geht auch um die praktische Jagdausübung selbst. Einige Bruchzeichen mögen nur symbolhafte Bedeutung haben, andere dagegen dienen der Nachrichtenübermittlung und sind heute so wertvoll für die Praxis wie früher. Ganz besonders trifft dies bei der Nachsuche zu. Eine Nachsuche auf ein angeschweißtes Stück Schalenwild ist ohne die Anwendung der Bruchzeichen unvollständig und vielfach erschwert.

Nachfolgend werden die Bruchzeichen, zu denen auch noch einige andere jagdliche Zeichen kommen, so dargestellt, wie sie heute üblich sind. Man unterscheidet:

Verständigungsbrüche:
Hauptbruch
Leitbruch
Anschußbruch
Fährtenbruch
Standplatzbruch
Wartebruch
Warnbruch

Streckenbrüche:
Inbesitznahmebruch
Letzter Bissen

Dazu:
Erlegerbruch
(Schützen- auch
Beute-Bruch)

Die Brüche werden *gebrochen,* nicht geschnitten, nur in besonderen Ausnahmefällen tritt das Waidmesser in Tätigkeit, um dem Bruch z. B. eine besondere Bedeutung zu geben. Früher wurden Brüche nur von Eiche und Kiefer genommen, wir unterscheiden heute fünf *gerechte Holzarten,* die für die Verwendung von Brüchen in Frage kommen:

1. Eiche
2. Kiefer, auch Latsche und Zirbelkiefer
3. Fichte
4. Weißtanne
5. Erle

Die Buche, eine herrliche Baumart, die im deutschen Raum eine große Verbreitung hat und in den Jagdrevieren sehr häufig vorkommt, gehört merkwürdigerweise nicht zu den herkömmlichen, gerechten Holzarten. Wir sollten uns jedoch den örtlichen Gegebenheiten für eine sinnvolle Anwendung des Brauchtums anpassen! Würde beispielsweise ein Stück Wild während der Einzeljagd in einem Buchenbestand erlegt und weit und breit keine andere Holzart greifbar sein, so wäre es widersinnig, den Buchenbruch (ggf. auch andere nicht gerechte Zweige) für den Schützenbruch, Inbesitznahmebruch (auch Letzten Bissen) auszuschließen.

Natürlich wird man zum Streckenlegen bei Gesellschaftsjagden Brüche von gerechten Holzarten bevorzugen und auch die Verständigungsbrüche vorrangig von diesen verwenden. Aus der Erfahrung hat man aber wohl gelernt, daß die Brüche aus gerechten Holzarten auffälliger und gewiß auch eindeutiger ihren Zweck zu erfüllen vermögen, als die von Esche, Ahorn, Kastanien und anderen Bäumen mit weniger festsitzenden Blättern.

Verständigungsbrüche

Der *Hauptbruch* ist mindestens armlang. Er wird mit dem Waidmesser blank befegt, d. h., die Rinde wird abgeschabt, um ihn so auffälliger zu machen. Dieses Befegen ist vor allem deshalb notwendig, um den Bruch von Zweigen, die etwa der Wind abgebrochen hat, unterscheiden zu können. Der Hauptbruch kann aufgehängt werden – an einen Baum, an ein Gatter o. ä. – oder auf den Boden gelegt werden. Ist das Gelände unübersichtlich, so empfiehlt sich das Aufhängen des Hauptbruches, damit er nicht übersehen werden kann. Der Hauptbruch bedeutet: „Achtung!“ Stößt also der Jäger im Revier auf einen solch befegten Hauptbruch, so erkennt er sogleich, daß hier in der Nähe

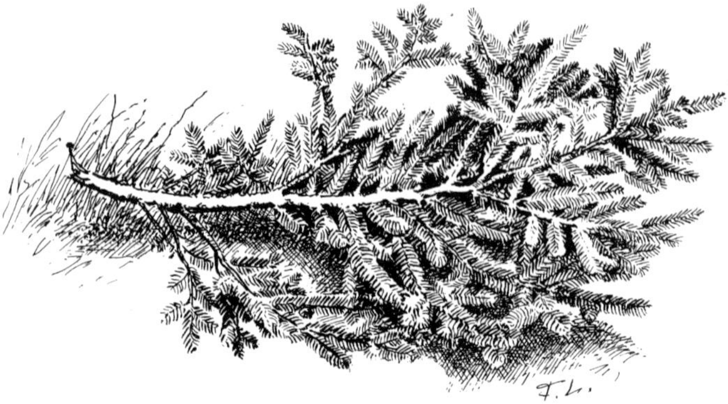

Oben: Hauptbruch, mindestens armlang, befegt – Unten: Leitbruch, halbarmlang, befegt.

etwas Wichtiges zu beachten ist und wird sich umsehen und nach dem Anlaß des Zeichens suchen.

Der *Leitbruch* soll hinleiten, nämlich zu einem Anschuß oder zu einem gestreckten Wild o. ä., er fordert also stets zum Folgen auf. Der Leitbruch ist halb so lang wie der Hauptbruch und wird ebenfalls befegt. Seine *gewachsene* Spitze zeigt in die Richtung, in der nachgefolgt werden soll.

In einigen Teilen Deutschlands galt früher die gebrochene Seite des Zweiges als richtungsweisend. Auch heute noch wird zum Beispiel in Kärnten (Dr. O. Zernatto, briefl.) und anderen Bereichen Österreichs das gebrochene Ende nach der Richtung gelegt, die zur Nachfolge weisen soll. „Die pfeilförmige Gesamtgestalt des Bruches, dessen Stiel mit einem gebrochenen Ende die Spitze, mit seinen Seitenzweigen die Befiederung eines Pfeiles versinnbildlicht“ (H. Wagner, Wien, 1957), ist in den Alpenländern überlieferter Brauch für den Leitbruch. Allerdings hat B. Hebenstreit (Wien, 1977) sich der Folgepflicht nach der gewachsenen Spitze des Bruches angeschlossen.

Für uns ist es wichtig, daß wir von den Gepflogenheiten an anderen Orten wissen, da sonst Irrtümer mit unsicheren Konsequenzen auftreten können. Wir wollen daran festhalten, die gewachsene Spitze in die Folgerichtung zeigen zu lassen, weil der Zweig auch in dieser Richtung gewachsen ist. Die Leitbrüche müssen so gelegt werden, daß man von einem zum andern sehen kann. Soll man auf einer Schneise oder einem Weg nachfolgen, so braucht natürlich der nächste Leitbruch erst wieder dort zu liegen, wo man vom Weg abbiegen muß. In diesem Fall ist es zweckmäßig, an der Stelle, an der man abbiegen muß, zunächst einen Hauptbruch aufzuhängen und einen Leitbruch in der neuen Richtung daneben zu legen, damit kein Irrtum vorkommen kann.

Der *Anschußbruch* dient zum Kennzeichnen des Anschusses und hat große Bedeutung für die Nachsuche. Der Schütze mag am Abend noch so sicher sein über die Stelle des Anschusses – am nächsten Morgen bei Tageslicht sieht plötzlich alles anders aus, und man sucht stundenlang nach dem Anschuß. Ohne den sicheren Anschuß zu haben, ist aber eine Nachsuche schon halb vergebens. Jeder Jäger, der ein Stück Schalenwild beschossen hat, welches nicht vor seinen Augen verendet, sondern noch fortflüchtet, sollte daher den Anschuß gerecht verbrechen. Das hat auch bei vermeintlichen Fehlschüssen zu geschehen, denn jedes beschossene Stück muß zur Sicherheit nachgesucht werden! Hat der Jäger an den Pürschzeichen oder nach bestem Wissen den Anschuß festgestellt, so steckt er einen Bruch mindestens in der Größe eines Leitbruches, mit dem abgebrochenen Ende aufrecht in den Boden. Der Anschußbruch wird nicht befegt. Der Anschußbruch muß in den Boden gesteckt

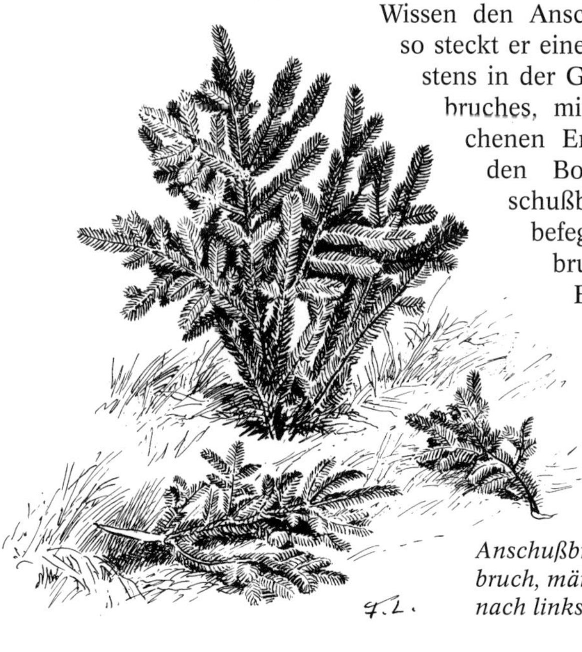

Anschußbruch mit Fährtenbruch, männliches Stück nach links geflüchtet.

werden, da es häufig vorkommt, daß über Nacht Sturm kommt oder Schnee fällt. Würde man den Anschußbruch nur hinlegen, so wäre am nächsten Morgen der Anschuß nicht zu finden.

Hier muß nun der Hinweis auf eine praktische Erfahrung eingeflochten werden: Das Einstecken des Anschußbruches muß in dem Fall unterbleiben, wenn es darauf ankommt, das kranke Stück Wild nicht zu beunruhigen (aufzumüden). Beispiel: Hat der Jäger bei Einbruch der Dunkelheit auf ein Stück Wild geschossen, das an einem Dickungsrand stand und offenbar waidewund getroffen wurde, dann wäre es falsch, überhaupt an den Anschuß zu gehen. Durch eine derartige Störung würde das kranke Stück, das wenige Meter vom Anschuß entfernt in der Dickung gesessen haben kann, hochwerden, womöglich eine lange Strecke flüchten und somit die Nachsuche, die erst am nächsten Morgen beginnen darf, erschweren. Unterläßt man jegliche Störung, besteht die Aussicht, das beschossene Stück Wild am nächsten Tag in der Nähe des Anschusses verendet zu finden. Der obligate Anschußbruch sollte dennoch, unmittelbar vor Beginn der Nachsuche angebracht werden.

Sind nun am Anschuß die Eingriffe oder die Fährte des beschossenen Stückes zu sehen, so legt man in dieselben den *Fährtenbruch.* War das beschossene Stück männlich, also Hirsch, Keiler, Rehbock, so wird der Fährtenbruch mit dem Waidmesser angespitzt und das angespitzte Ende in die Fluchtrichtung gelegt, beim weiblichen Stück

Links: Anschußbruch mit Fährtenbruch, Kahlwild nach links geflüchtet – Rechts: Anschußbruch mit Fährtenbruch, Fluchtrichtung unbekannt.

zeigt die gewachsene Spitze in die Fluchtrichtung. Um zu wissen, ob z. B. ein Hirsch nach rechts oder ein Tier nach links geflüchtet ist, wird der Fährtenbruch geäftert, d. h., ein kleiner Querbruch wird hinter ihn gelegt. Ist die Fluchtrichtung des beschossenen Stückes unbekannt, was in unübersichtlichem Gelände vorkommen kann, so wird der Fährtenbruch doppelt geäftert. Der Fährtenbruch wird ebenso wie der Anschußbruch nicht befegt.

Diese Bruchzeichen sind besonders für die Nachsuche von großer Bedeutung. Wie oft kommt es vor, daß eine Nachsuche gemacht werden muß, an der der Schütze aus besonderen, entschuldbaren Gründen nicht teilnehmen kann. Lange Erklärungen am Telefon können oft dem Nachsuchenden nicht so viel mitteilen wie die Bruchzeichen, aus denen der Erfahrene alles für ihn Wissenswerte entnehmen kann.

Die Anwendung der bisher genannten Bruchzeichen sei, um ihre Anwendung und Bedeutung noch klarer vor Augen zu führen, im folgenden mit einem praktischen Beispiel erläutert: Nachdem der Jäger auf ein Stück Schalenwild geschossen hat, das nicht im Feuer bleibt, markiert er zunächst seinen Stand durch irgendein Zeichen. Da er den Stand nicht vor genauer Markierung verlassen darf – er findet ihn sonst nicht wieder – ist hier eine Bezeichnung mit Bruchzeichen nicht zu empfehlen. Er markiert also die Stelle durch Wundmachen des Bodens, durch Einstecken eines Jagdstocks, durch Anschalmen des Baumes, hinter dem er stand, oder durch Einstecken der Patronenhülse in den Boden. Alsdann geht er zum Anschuß und versucht, diesen festzustellen. Hat er den Anschuß gefunden, so steckt er den Anschußbruch (halbarmlang, unbefegt) aufrecht in den Boden und legt nun in die Eingriffe den richtig geäfterten Fährtenbruch. Alsdann geht er zu einem eindeutig bekannten Punkt in der Nähe, also Jagenkreuz, Wegegabel o. ä. und hängt oder legt hierher den befegten armlangen Hauptbruch. Von diesem aus legt er Leitbrüche (halbarmlang, befegt), mit der gewachsenen Spitze zum Anschuß zeigend, nieder, so daß der Nachsuchende am nächsten Morgen, ohne weiteres durch den Hauptbruch aufmerksam gemacht und durch die Leitbrüche geleitet, den Anschuß findet. Der Nachsuchende hat stets einige Brüche unter dem linken Arm, wie die Besuchsknechte dies früher auch taten, um bei der Nachsuche gefundenen Schweiß oder beim Kreuzen einer Schneise und eines Weges die Fährte verbrechen zu können. Die gewachsene Spitze dieser Brüche, die ja dieselbe Bedeutung wie Leitbrüche haben, zeigt immer die Richtung, in der das Stück gezogen ist. Dieses Verbrechen beim Kreuzen eines Weges usw. ist sehr wichtig, um bei etwa nötig werdendem Neuansetzen der Nachsuche an der verbrochenen Stelle wieder anfangen zu können.

Standplatzbruch (rechts); der Hauptbruch (links) zeigt die „Folge" an.

Der *Standplatzbruch* dient dazu, den Stand eines Schützen zu markieren. Bei einer gutgeleiteten Waldjagd sollte vorher jeder Stand bezeichnet werden. Zu diesem Zweck werden ein Hauptbruch und ein Standplatzbruch verwandt. Dieser wird aufrecht in die Erde gesteckt, nachdem die unteren Queräste entfernt sind (halbkahler Bruch), während der Hauptbruch so gelegt wird, daß die gewachsene Spitze in die Richtung der Folge zeigt. Der Schütze steht zwischen beiden Brüchen, vor sich den Standbruch, hinter sich den Hauptbruch. Damit ist ihm der genaue Standpunkt und auch zugleich die Folge vorgeschrieben. Unter „Folge" versteht man die Richtung, in die der Jäger (Schütze) nach Beendigung eines Treibens den anderen Schützen zu einem Sammelpunkt folgen soll. Das Markieren der Stände durch Standplatzbrüche hat für den Anstellenden den Vorteil, daß er nicht jedem Schützen jedesmal die Folge zu sagen braucht, außerdem braucht er nicht unbedingt jedesmal um das ganze Treiben herumzugehen, er kann gelegentlich jüngere Jäger z. B. eine steile Bergschneise hinaufschicken, ohne selbst mitgehen zu müssen, da die Stände genau verbrochen sind und falsches Anstellen oder ein Irrtum über die Folge unmöglich ist.

Zur Verständigung der Jäger dient der *Wartebruch*. Zwei Brüche in Armlänge (unbefegt) werden gekreuzt hingelegt. Dieses Zeichen bedeutet „Warten". Es kommt im Forst- und Jagdbetrieb häufig vor, daß man sich zu einer bestimmten Zeit an einem bestimmten Punkt verabredet. Muß man selbst den Platz verlassen, z. B. weil man plötzlich einen Hund hetzen hörte o. ä., bevor der andere eintrifft, legt man dann zwei gekreuzte Brüche an den Platz. Der später Eintreffende weiß dann, daß man dort war und daß gewartet werden soll. Um ganz sicher zu gehen, daß der andere das Zeichen findet und beachtet, kann man noch einen Hauptbruch dazu hängen, der bei allen Bruchzeichen verwendet werden kann und immer nur „Achtung!“ bedeutet. Gibt der andere das Warten auf, weil es ihm zu lange dauert, dann entfernt er die Seitenzweige der beiden Brüche, beim Laubholz die Blätter, er macht die Brüche kahl und legt sie gekreuzt wieder hin, und zwar so, daß die beiden Spitzen in die Richtung zeigen, in der er fortgegangen ist. Drei Wartebrüche nebeneinandergelegt bedeuten einen Sammelplatz.

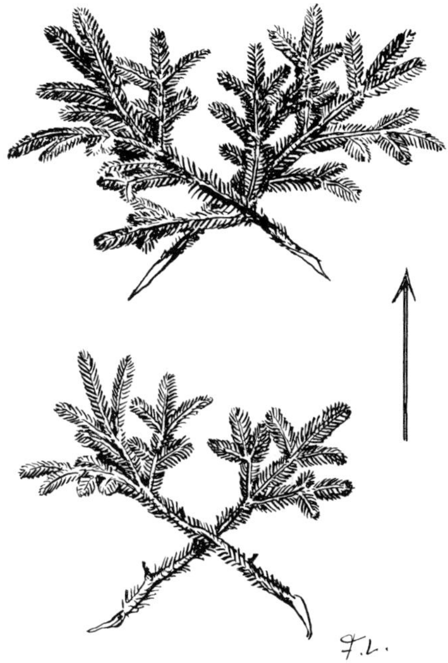

Wartebruch. Unten: Das Warten wurde aufgegeben.

Der *Warnbruch* hatte früher größere Bedeutung als heute. Er ist vergleichbar mit dem roten Schild oder der roten Fahne der Straßenarbeiter, Steinbrecher usw. Es können verschiedene Situationen auf der Jagd vorkommen, in denen ein Warnbruch zweckmäßig verwandt wird. Man kann z. B. durch einen solchen Bruch vor – natürlich im Fangbunker – ausgelegten Schwanenhälsen warnen, man kann Schneisen oder Waldwege, auf denen bei Treibjagden geschossen wird, damit sperren usw.

Der Warnbruch besteht aus einem Kahlbruch, bei dem Rinde und Zweige mit dem Waidmesser völlig abgeschabt sind, so daß das Holz weiß leuchtet. Nur an der Spitze bleiben Nadeln oder Laub sitzen; der Bruch wird dann rund zusammengebogen und zur Schlinge geformt.

Früher wurde der beschriebene Bruch als „Notbruch“ benutzt. In

unserer Zeit kommt jedoch ein Notbruch kaum mehr in Betracht. Ich kann mir keinen Fall auf der Jagd denken, bei dem heute die Anbringung eines Notbruches Sinn oder Zweck haben könnte. Da dieser Bruch durch sein weißes Befegen und die runde zusammengebogene Form sehr auffallend ist, erscheint es richtig, ihn heute als Warnbruch zu verwenden, er bedeutet Gefahr.

Man muß sich allerdings darüber im Klaren sein, daß dieses Signal nur von „Eingeweihten", also mit dem jagdlichen Brauchtum vertrauten Personen verstanden werden kann. Seine Wirkung gegenüber Nichtjägern ist gleich Null.

Warnbruch.

Streckenbrüche

Der *Inbesitznahmebruch* zeigt an, daß der Schütze ein erlegtes Stück Wild in Besitz genommen hat. Ein anderer Jäger, der in demselben Revier pürscht und das gestreckte Stück mit dem Inbesitznahmebruch findet, weiß sofort, daß das Stück ordnungsgemäß erlegt wurde und nicht etwa gewildert worden ist. Das ist die praktische Bedeutung dieses Bruchzeichens.

Daneben hat aber gerade dieses Zeichen einen symbolischen Wert. Der Inbesitznahmebruch ist zugleich eine ehrende Geste des Jägers dem Wild gegenüber. Es ist der letzte Schmuck des erlegten Stückes. Nur Schalenwild wird verbrochen, ursprünglich überhaupt nur der Hirsch. Unserer heutigen Einstellung zu Wild und Jagd würde letzteres jedoch nicht mehr entsprechen. So erhält auf jeden Fall sämtliches Schalenwild, also auch Dam-, Sika-, Muffel-, Gams-, Schwarz- und Rehwild, den *Inbesitznahmebruch.* Das erlegte Stück wird auf die *rechte* Seite gestreckt, und auf den Wildkörper legt man dann einen Bruch, und zwar so, daß beim männlichen Stück, also Hirsch, Keiler, Rehbock, das abgebrochene Ende nach dem Haupt zeigt, beim weibli-

Gerecht gestreckter Hirsch (Inbesitznahmebruch und letzter Bissen).

chen Stück umgekehrt, also die gewachsene Spitze nach dem Haupt. Man kann sich das leicht merken: Das abgebrochene Ende des Bruches zeigt sowohl beim Fährtenbruch als auch beim Inbesitznahmebruch beim männlichen Stück nach dem Wesentlichen, d. h. in die Fluchtrichtung beziehungsweise zum Haupt mit der Trophäe; beim weiblichen Stück werden diese Brüche entgegengesetzt gelegt. In manchen Gegenden Deutschlands wird der Inbesitznahmebruch beim weiblichen Stück noch umgedreht, so daß die Blattunterseite nach oben kommt. Diese unbedeutende Abweichung mag dort, wo sie bislang Geltung hatte, bestehen bleiben, am Wesentlichen ändert sich dadurch nichts.

Gerecht gestrecktes Stück Kahlwild.

Letzter Bissen

Dem männlichen Stück wird außerdem noch ein Bruch quer durch den Äser bzw. durch das Gebrech gesteckt, der sogenannte *„letzte Bissen“*. Dieser Brauch stammt aus der Frühzeit und bedeutet etwa so viel wie „Versöhnung mit dem erlegten Tier“. Er wurde offenbar im deutschen Raum sehr unterschiedlich angewandt. Auffällig ist die Tatsache, daß anläßlich der Hofjagden beim Streckelegen im Saupark, Springe, bis 1912 den Keilern der letzte Bissen nicht gegeben wurde. Dieser Brauch muß hier also später zur Geltung gekommen sein. Die „Inbesitznahme-Brüche“ wurden allerdings gelegt. Gewisse ästhetische Gründe haben wohl auch eine Rolle gespielt, um den Äser nach der Totenstarre zu kaschieren.

In Österreich ist es üblich, auch das Murmel zu verbrechen, bzw. dem Auer-, Birk- und Haselwild den letzten Bissen in den „Brocker“ (Schnabel) zu stecken.

Schützenbruch

Ein Bruchzeichen, das heute noch allgemein bekannt ist, ist der *Bruch des Erlegers* (Schützen). Ursprünglich wurde nach der Erlegung eines Hirsches oder starken Keilers ein Bruch an den Hut gesteckt. Heute wird dem Erleger jedes Stückes Schalenwild ein Bruch überreicht. Werden von einem Schützen bei einer Gelegenheit

Überreichen des Schützenbruches auf dem Hut und auf dem Hirschfänger.

mehrere Stücke Schalenwild erlegt, zum Beispiel auf einer Drückjagd, so erhält er trotzdem üblicherweise nur einen Bruch; dadurch wird vermieden, daß womöglich ein kleiner Wald am Hut getragen werden muß. In diesem Fall gilt ein Bruch für alle oder wie der Lateiner sagt: „Pars pro toto!" Bei zahlenmäßig kleiner Strecke kann allerdings an den Erleger mehrerer Stücke für jedes einzelne ein Bruch überreicht werden. Es hat sich stellenweise eingebürgert, daß außer für Schalenwild auch für die Erlegung eines Fuchses ein Bruch gegeben wird. Da der Fuchs eine seltene Jagdbeute zu sein pflegt, ist dies ein schöner Brauch, an dem, wo bisher üblich, festgehalten werden soll. Dies gilt besonders für den mit der Kugel geschossenen Fuchs, den sogenannten Kugelfuchs. Auch für die Erlegung eines Auerhahns, eines Birkhahns und, im Hochgebirge, eines Murmeltieres wird ein Bruch überreicht. Der Bruch wird vom Jagdherrn oder in dessen Auftrag vom Jagdleiter[1] bei Treibjagden, vom Führenden bei der Pürsch, vom Hundeführer bei der Nachsuche dem Erleger überreicht, indem man den Bruch zunächst leicht durch den Schweiß des erlegten Stückes zieht, ihn mit Schweiß netzt, dann auf den gezogenen blanken Hirschfänger, das Waidblatt oder, wenn beides nicht vorhanden, auf den abgenommenen Hut legt und dem Erleger mit „Waidmannsheil" überreicht. Das Überreichen kann mit der linken oder rechten Hand geschehen. In Österreich wird nur mit der linken Hand der Bruch überreicht. Der Erleger nimmt den Bruch, befestigt ihn auf der rechten Seite seines Hutes und bedankt sich mit „Waidmannsdank" und Händedruck.

Handelt es sich um eine *Nachsuche*, bei der das Stück zur Strecke kam, dann bricht der Erleger einen kleinen Zweig von dem ihm überreichten Bruch ab und gibt diesen kleinen Zweig dem Schweißhundführer zurück, damit zeigend, daß Hundeführer und Hund einen hohen Anteil an der Erlegung des Stückes haben. Gerade dieser letzte Brauch erscheint besonders sinnig und zeugt von feinem Verständnis und guter Einstellung zur Jagd. Der Schweißhundführer steckt nach erfolgreicher Nachsuche seinem Schweißhund einen Bruch an die Halsung, so wie es schon vor vielen Jahrhunderten mit dem Leithund geschah. Sehr schön ist auch der Brauch, nach der Jagd beim Schüsseltreiben einen kleinen Teil des Schützenbruches im linken Knopfloch zu tragen. Im bayrischen Gebirge und besonders in Österreich wird auch wohl ein Bruch am Hut nur als waidmännisches Abzeichen (sog. „Standes-oder Festbruch") getragen, z. B. von den Teilnehmern einer

[1] Der Jagdherr oder der Jagdleiter können sich die Freiheit nehmen, die Überreichung ohne Behinderung durch Gewehr oder Hund vorzunehmen.

Prüfungssuche oder einer sonstigen jagdlichen Veranstaltung, auch bei Teilnahme an der Beerdigung eines Waidgenossen. In diesem Fall wird der Bruch stets an die *linke* Seite des Hutes gesteckt, während der eigentliche Erlegerbruch immer *rechts* getragen wird.

In der Beachtung dieser symbolischen Gepflogenheiten offenbart sich weitgehend die Einstellung eines Jägers zum Waidwerk, wie es bei uns gepflegt wird. Dem reinen Schießer und Trophäensammler werden diese schönen um die Bruchzeichen entstandenen Bräuche fremd bleiben. Schließlich liegt die Kultur unserer Jagd und des einzelnen Jägers zu einem großen Teil im Befolgen dessen, was wir als jagdliches Brauchtum betrachten.

Andere jagdliche Zeichen

Außer den Bruchzeichen sind noch einige andere Zeichen zu erwähnen, mit denen sich die Jäger verständigen. Meistens handelt es sich jedoch hierbei um örtlich verabredete Zeichen, die in Bäume geschnitzt oder in Felsen eingeritzt werden. Eine Verallgemeinerung dieser „Jägerzinken“ wäre schon deshalb unzweckmäßig, weil ja nur einige wenige Eingeweihte davon wissen sollen. Solche Zeichen kommen in Frage, um etwa die Stellen zu markieren, an denen ein Pürschpfad abgeht, um einen Wechsel zu bezeichnen o. ä. Bekannt sind die sogenannten „Tauben“ oder „Steinmandl“. Das sind etwa faustgroße Steine, die der Hochgebirgsjäger an Stellen hinlegt, die er markieren will. Der Eingeweihte sieht an der Lage der Steine sofort, daß diese dort von Menschenhand hingelegt wurden, und weiß Bescheid. In Revieren des Hochgebirges, die viel von Wanderern begangen werden, werden solche Tauben an den Touristensteigen dort ausgelegt, wo etwa 40 bis 50 m weiter ein Jägerpfad abgeht. Man läßt diesen Pfad nicht am Hauptweg anfangen, um ihn keinem Unberufenen zu verraten. Ähnlich ist es in viel begangenen Revieren des Mittelgebirges mit den Pürschsteigen. Im Gebirge wird auch vielfach das Zeichen der Hasenspur benutzt, um eine Stelle besonders zu kennzeichnen. Man ritzt vier Punkte in der Stellung der Hasenspur in einen Baum oder in einen Felsen ein. Die alte Hannoversche Jägerei hatte das Zeichen der Wolfsangel. Noch heute wird dieses Zeichen von den Führern des Hannoverschen Schweißhundes und anderen an der Hegewaldprüfung beteiligten Zuchtverbände angewendet, und mancher alte fährtengerechte Rüdemann aus dem Harz und Solling setzt unter seine Unterschrift noch die Wolfsangel.

Es ist nicht sicher, ob das Zeichen der Wolfsangel aus dem altgermanischen Runenalphabet „E“ entstanden ist, das schon vor der Karolingerzeit Verwendung fand. Tatsächlich ist die Wolfsangel als Doppelhaken ein Fanggerät für Wölfe gewesen und wurde auch als Fischer-, Schiffer- und Zimmermannshaken verwendet. Im norddeutschen Raum ist das Zeichen der Wolfsangel aus alter Überlieferung gelegentlich in Grenzsteinen, Wappen, Waldhammer (zur Holzkennzeichnung) und Markierungstafeln zu finden.

Jagdsignale

Gefesselt hängt's mir an der Hüfte
des Waidmanns Schmuck und blanke Zier
früh weckt es durch die Morgenlüfte,
bläst an die Jagd: auf ins Revier!

Es mahnet die Hunde,
es gellt in der Not,
es lockt in der Runde,
es schmettert „Hirschtot"!
(JOH. VAL. GÖRNER, 1744)

Hörnerschall und Hundelaut sind untrennbar mit der Jagd verbunden. Die Hornfessel war Zeichen der alten hirschgerechten Jägerei. Der „Federschütze" durfte sie nicht tragen.

Das Jagdhorn ist ein unentbehrliches Hilfsmittel auf der Jagd, es hat sich aus den Bedürfnissen der Jäger von der Urzeit an entwickelt. Nicht nur der Schweißhundführer, wenn er auf langen Strecken der Nachsuche in einem fremden Revier von den ihn begleitenden ortskundigen Jägern abkommt, sondern auch der Jagdleiter brauchen ein Jagdhorn, um Beginn und Ende der Treiben anzuzeigen und Hinweise zur Verständigung für die Jagdteilnehmer zu geben. Deshalb müssen die Signale einheitlich bekannt sein und in ihrer Bedeutung erfaßt werden können. Diese Voraussetzungen haben nicht zuletzt juristischen Belang im Interesse der Sicherheit und Unfallverhütung.

Rangiertuten und Trillerpfeifen könnten auch als sachliche Hilfsmittel dienen, sie würden aber das Stimmungsvolle des Jagdablaufs im Wald und Feld grausam zerstören und keinen Anspruch auf Pflege jagdlicher Kultur erheben.

Gefördert durch die Jagdverbände, hat das Jagdhornblasen in den letzten Jahren einen enormen Aufschwung genommen. Fast in jedem Kreis gibt es heute Jagdhornbläsergruppen, die bei jagdlichen Anlässen auftreten und blasen. Vielfach werden außer den Jagdsignalen auch Märsche und andere Musikstücke unter Verwendung der Parforcehörner vorgetragen. Dagegen ist nichts einzuwenden, wenn der eigentliche Zweck, nämlich das Blasen der Signale auf der Jagd Vorrang behält. Eine besondere Bedeutung haben die *Bläserwettbewerbe* gewonnen, die seit einigen Jahren an den Jagdschlössern Kranichstein, Springe u. a. veranstaltet werden. Hierbei wird das Interesse der Öffentlichkeit auf das Jagdwesen hingelenkt. Es ist schon ein imponierender Eindruck, wenn aus über 3000 Jagdhörnern zusammen die Signale „Jagd vorbei" und „Halali" erklingen.

Die Wettbewerbe vermitteln Impulse: Jedes Bläserkorps möchte das beste sein! Das Einüben erfordert viel Zeit, Energie und Zuverlässigkeit, fördert aber auch die Kameradschaft und das Gemeinwesen. Erfreulich ist, daß viele Mitglieder der Bläsergruppen mit erstaunlichem Interesse an ihrer Gemeinschaft hängen, die aus vielschichtigen menschlichen Motiven gewachsen ist. Das gemeinschaftliche Blasen verbindet! Diese aufrichtige Freude am Zusammenwirken sollte im Interesse der Pflege des jagdlichen Brauchtums erhalten und gefördert werden. Die Bläsergruppen müssen aber auch ein Gefühl dafür aufbringen, welchen Sinn jagdliches Blasen hat. Sie sollten Übertreibungen vermeiden und sich Zurückhaltung auferlegen, wenn die Grenzen zu trivialen Blaskonzerten überschritten werden.

Wie du vff der Jagt mit Horn vnd Stim̃ deinen Gesellen ein Zeichen geben solt.

Das III. Capitel.

DEr vff der Jagt sein Gesellen zu sich beruffen wil / sol ein langen Hifft blasen/also.

Hifft.

Die andern sollen jhm gleichmessig mit langem Hifft antworten/also.

Hifft.

Wann sie jhme dann geantwort sol er mit zweyen Hifften ferrners blasen/also.

Hifft/Hifft.

Gleichmessig der / so sein Gesellen mit der Stim̃ beruffen wil / sol schreyen/also.

Hoch da.

Der antwort geben wil/schryt mit langer Stim̃/also.

Hoch da.

Das gegen Geschrey beschicht doppelt/also.

Diese „Noten" sind dem Buch von Feyerabendt (1582) entnommen. Von diesen primitiven Jagdschreien und Hiftstößen bis zu den heutigen mit Text unterlegten Jagdsignalen war es ein weiter Weg.

Als Gebrauchs-Jagdhorn gilt heute das *Pleßhorn.* Es darf nicht mit dem *Waldhorn* verwechselt werden, das, mit Ventilen versehen, in der

Fürst-Pleß-Horn.

Orchestermusik vieler Opern und Konzerte von Anfang des 19. Jahrhunderts an Verwendung findet.

Das Jagdhorn der höfischen Jagd des 17. und 18. Jahrhunderts war das *Parforcehorn* mit seinen vielen Varianten. Es verlor zwischenzeitlich an Bedeutung, wird aber heute in der B-Stimmung bei besonderen Gelegenheiten zusätzlich verwendet. Es vermag mit fundierter Klangwirkung den Signalen und Fanfaren eine feierliche Ausstrahlung zu vermitteln. Vorbedingung ist natürlich, daß beim Blasen in der Gruppe auf eine saubere Stimmung der Instrumente untereinander geachtet wird.

Die deutschen Jagdsignale sind in einer vollständigen Sammlung aller offiziellen Jagdsignale vom Deutschen Jagdschutz-Verband zusammengestellt.[1] Maßgebend hierfür waren die wertvollen Arbeiten und Veröffentlichungen von Reinhold Stief, in denen auch ein geschichtlicher Abriß der deutschen Jagdsignale enthalten ist.

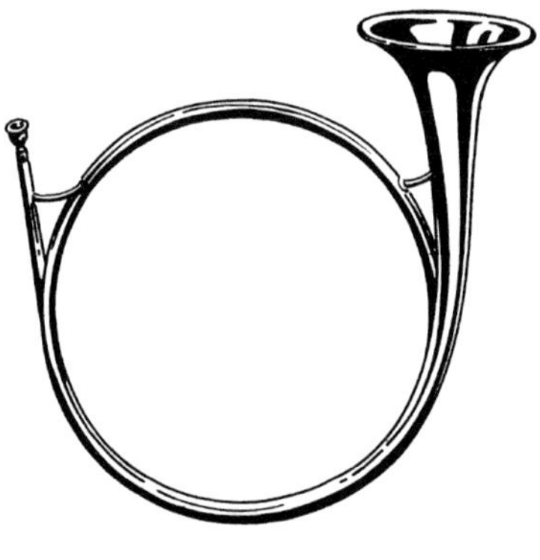

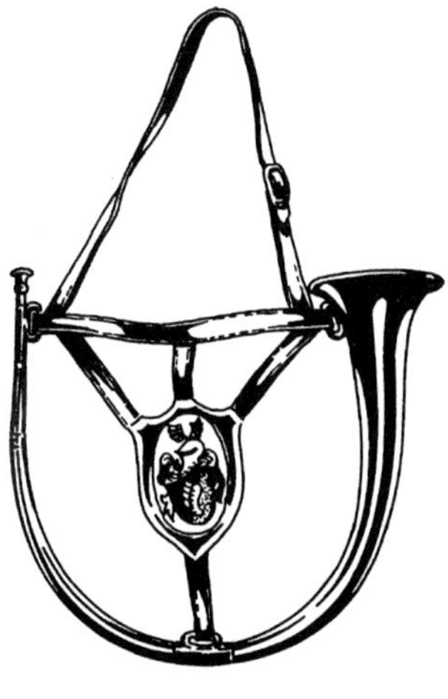

Parforcehorn (links), Sauerländer Halbmond (rechts)

Auch C. Clewing (1937) hat sich in der Förderung der deutschen Jagdmusik verdient gemacht. Ihm verdanken wir die Komposition des schönen Signals „Muffel tot".

[1] „Die Jagdsignale, vollständige Sammlung aller offiziellen Jagdsignale", herausgegeben vom DJV, 5. Auflage, Verlag Paul Parey, Hamburg und Berlin 1987.

Wenn auch der Durchschnittsjäger die Tot-Signale nicht alle fehlerlos und mit Ausdruck zu blasen imstande ist, so sollte er jedoch die Bedeutung wichtiger *Leitsignale* beherrschen: z. B. „Anblasen", „Abblasen", „Treiber rein", „Hegeruf", „Notruf" (aus SOS, lang – kurz – kurz – lang nach „save our souls" [das offizielle Morsezeichen SOS lautet jedoch: ...---...]), „Sammeln der Jäger".

Den Kandidaten für die Jägerprüfung wird in zahlreichen Jagdkreisen das einwandfreie Erkennen der Signale *„Anblasen"*, *„Abblasen"* und *„Treiber rein"* abverlangt, weil hiermit Gebote der Sicherheit verknüpft sind.

„Jagd vorbei" und „Halali" wird in dieser Reihenfolge und beim Streckelegen nach der Jagd geblasen. Diese Signale erklären die Jagd als beendet und entlassen den Jagdleiter aus seiner weiteren Verantwortung. Es ist Brauch, bei dem Begräbnis eines Jägers, im Augenblick wenn der Sarg versenkt wird oder am Ende der Ansprache eines Jagdfreundes, wenn er den letzten Bruch niederlegt, aus respektvoller Entfernung „Jagd vorbei" und „Halali" zu blasen. Ebenso ist es üblich, diese Signale feierlich vorzutragen, wenn bei einer Versammlung von Jägern der verstorbenen Waidgenossen gedacht wird. Hierbei erheben die Anwesenden sich von ihren Plätzen.

Die Ansichten darüber sind nicht einheitlich, in welcher Reihenfolge diese beiden Signale vorgetragen werden sollen. Logisch wäre eigentlich, zuerst „Halali" und dann „Jagd vorbei" zu blasen. Örtliche Gepflogenheiten sollten respektiert werden. Es ist jedoch meistens üblich, wohl auch wegen des kompositorischen Charakters der Signale „Jagd vorbei" vorweg und dann ausklingend das „Halali" zu blasen. Dieser Brauch hat sich allenthalben durchgesetzt.

Die Betonung der Silben im *„Halali"* wird unterschiedlich gehandhabt. Im norddeutschen Raum wird meistens die zweite Silbe, also Haláli, betont. Es ist auch umstritten, ob dieses Signal seinen Ursprung auf das französische „ha, la, lie" (etwa: Ha, da liegt er!) zurückgeführt werden kann. Hierbei könnte man einer Betonung auf der letzten Silbe den Vorrang geben. Beide Silbenbetonungen entsprechen dem Brauchtum.

Das sog. „Große Halali", ein melodisch sehr ansprechendes, aus dem Französischen übernommenes Signal, wird gelegentlich der Reitjagden oder bei zeremoniellen Veranstaltungen von den „Piqueuren" auf „Parforcehörnern" geblasen. Inwieweit das „Große Halali" auch zur Ehrung eines entschlafenen Jägers zum Vortrag gelangen soll, hängt von den örtlichen Gewohnheiten und der Würde ab, die der Trauerfeierlichkeit das Gepräge geben soll.

Für die Pflege des jagdlichen Brauchtums sollte die Einheitlichkeit der Signale gewahrt bleiben, die angesichts mancher Erfordernisse ergänzt worden sind und auch noch ergänzt werden.

In diesem Buch haben die Jagdsignale Vorrang, die bei der Jagd im deutschen Raum im engeren und weiteren Sinne praktisch gebraucht werden. Die Einteilung entspricht der für den deutschen Jagdschutz-Verband verbindlichen Notierung. Auch hier ist die nachstehende Reihenfolge gewählt: Allgemeine Signale, Jagdleitsignale, Totsignale. Die Jagdsignale werden mit dem „Pleßhorn“ in „B“ geblasen. Um einen Anhalt über das Vortragstempo zu geben, ist am Beginn der Notenzeichen die Metronomzahl (musikalisches Zeitmaß) ausgezeichnet. Im Einzelvortrag kann das Tempo und auch der Ausdruck beliebig gewählt werden.

In der Pflege der Tot-Signale zeigt sich die Einstellung des Jägers zu dem von ihm gestreckten Wild, dem er mit dem Verblasen eine letzte Ehre erweist und es damit in eine innere und tiefere Beziehung zu sich selbst bringt.

So ist das Jagdhornblasen niemals Selbstzweck, sondern ein lebendiger Teil der Jagdausübung und unseres jagdlichen Empfindens (E. Anhäuser).

Die Fürst-Pleß-Hörner und die Parforcehörner haben einen begrenzten Ton-Umfang.

Die Noten sind in C (Dur) notiert, klingen jedoch in B (Dur), d. h. einen Ton tiefer.

Deutsche Jagdsignale[1]

Allgemeine Signale

1. Zum Wecken

[1] 23–32 sind nur noch selten benutzte Jagdleitsignale.

2. Begrüßung

♩ = 76
I
II
III
IV
Heil Euch, Män-ner der grü - nen Tracht!
♩. = 76
Der Jagd-hör-ner Sig - nal hell ju - belnd klingt es vom
1. Mal
2. Mal
Berg bis in das Tal zum fro - hen Gruße, zum Gru-ße für Euch._ Euch.

Willkommen seid uns, schießt gut, trefft gut, Ihr Jä-gers-leut', Jä-gers-leut'
habt fro - hen Mut. Willkommen seid uns, schießt gut, trefft gut, Ihr
1. Mal
2. Mal
Jä - gers-leut', Jä - gers - leut' habt fro - hen Mut! ho! ho!

3. Zum Essen

= 76
I.
II.
Kommt doch her-bei, kommt doch herbei, Jä - ger, Trei - ber,
kommt doch her - bei, kommt doch her - bei! Es - sen gibt's jetzt!
Erb - sen - sup - pe mit fet - tem Schwei - ne - bauch,
Erb - sen - sup - pe, Schnaps gibt es auch.

4. Blattschlagen

5. Jagd vorbei

6. Halali

♩. = 96
I
II
III
IV
Wir grü - ßen das e - de - le Waid - werk, wir
grü - ßen das e - de - le Waid - werk, wir grü - ßen das e - de - le
Waid - werk mit Hor - ri - do!

6a. Das große Halali für Parforcehörner (und Ventilhörner in B)

6b. Auf Wiedersehen

Verf. I. P. Galetti

Jagdleitsignale

7. Hegeruf

8. Antwort

9. Notruf

10. Das Ganze

11. Aufbruch zur Jagd[2]

Als Ergänzung möglich:

[11]

12. Anblasen des Treibens („Das Ganze" wird vorausgeblasen)

[11] Altes anhaltisches Jagdsignal

13. Laut treiben

14. Stumm treiben

15. Aufmunterung im Treiben

16. Halt

17. Treiber in den Kessel

18. Treiben zurück („Das Ganze“ wird vorausgeblasen)

19. Abblasen des Treibens (Aufhören zu schießen)

20. Sammeln der Jäger

21. Hunderuf

22. Wagenruf

23. Treiberwehren

24. Mitte

25. Rechter Flügel

26. Linker Flügel

27. Zusammenziehen der Flügel

28. Ecke vor (jeweils zusammen mit Nr. 25 oder 26)

29. Richtung

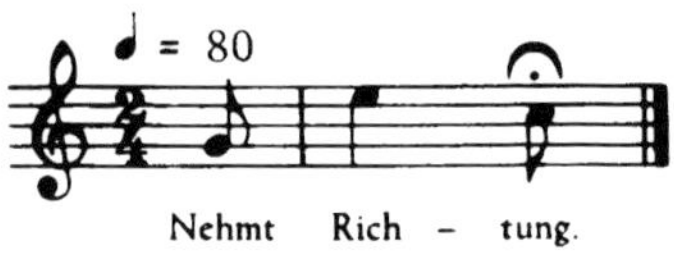

30. Sammeln der Schützen

31. Sammeln der Treiber

32. Wildablegen

Totsignale

33. Wisent tot

34. Bär tot

35. Elch tot

36. Rothirsch tot

37. Damhirsch tot

37a. Sika tot

(Verf. A. Drepper)

38. Muffel tot

39. Gams tot

♩= 80
I.
II.
Jo - ho, hol-de-ri - o! Jo - ho, Gamsbock ist tot.
In wil - der Flucht, durch Fels und Schlucht, so stürm - te er
töd-lich ge - trof - fen da - hin. Nun ward sein Bart, von
selt' - ner Art, mir herr - li - - cher, köst - li - cher
Waidmanns-ge-winn. Ha - la - li! Ha - la - li!

40. Sau tot

♩ = 76
I.
II.
Ge - stern a - bend schoß ich auf ein gro - bes Schwein,
ge - stern a - bend schoß ich auf 'ne Sau. Ge - stern a - bend
traf den Kei - ler ich al - lein, ge - stern a - bend
zielt' ich ganz ge - nau. Ha - la - li, ha - la - li.

40a. Auerhahn (auch Birkhahn) tot

Verf. R. Stief

41. Reh tot

41a. Seehund tot

Aus Schleswig-Holstein

42. Fuchs tot

42a. Raubwild tot

Verf.R. Stief

42b. Dachs tot

aus dem Sauerland. Verf. Ofö. F. Vetter

43. Hase tot

44. Kaninchen tot

45. Flugwild tot

45a. Fasan tot

aus Niedersachsen (Freih. v. Spörcken-Lüdersburgsche Jägerei)

Gebräuche nach dem Schuß

Vor dem Treffen und nach dem Treffen zeigt sich die Gesinnung des Waidmanns; Treffen selber ist lediglich eine Nervenangelegenheit.

F. K. Lippert

Ein wesentlicher Teil der Jagd ist Handwerk, aber dieses Handwerk muß kunstgerecht geübt werden. Dazu gehören auch die Gebräuche, die man beachten muß. Von jedem Jäger, der die Büchse oder Flinte führt, muß verlangt werden, daß er das Jagdhandwerk beherrscht. Nicht in jedem Falle braucht der Jäger den Rehbock unbedingt selbst aufzubrechen und nach Hause zu tragen, aber er muß es können! Wie überall im Leben stets der Grundsatz Geltung hat, daß man nichts anordnen darf, was man nicht selbst beherrscht; so darf auch ein Jäger das Handwerksmäßige der Jagd nicht etwa gering schätzen. Wer nur eine saubere Kugel schießen kann, ist deshalb noch kein Jäger.

Abfangen, Abschlagen, Abfedern

Wenn ein Stück Wild nicht unmittelbar tödlich getroffen ist, so ist es ein ungeschriebenes Gesetz der Waidgerechtigkeit, das kranke Stück möglichst schnell von seinem Leiden zu erlösen. Bricht das Stück in Sicht des Schützen zusammen, so wird man sofort den Fangschuß geben oder das Stück mit der blanken Waffe abfangen. Es ist viel über Fangschuß und Abfangen mit der blanken Waffe geschrieben und gestritten worden. Man kommt sich gelegentlich kümmerlich vor, auf wenige Schritte Entfernung auf das am Boden liegende Stück mit einer modernen Büchse zu schießen. In manchen Fällen kann es angebrachter sein, „den Fang zu geben“. Hier kommt es auf die Situation an, hier muß der Jäger in eigner Verantwortung entscheiden. Es ist nämlich oftmals auch nicht einfach, einen sicheren Schuß anzubringen, wenn das kranke Wild sich noch bewegt und mit den Läufen um sich schlägt. Dabei können sogar mehrere Schüsse notwendig werden, bis die erlösende Kugel ihre Wirkung vollbrachte. Auf jeden Fall wird die Abgabe eines gut gezielten und nicht übereilten Fangschusses – am besten auf den Halsansatz – die Leiden des kranken Stückes am schnellsten beenden. Beim Antragen des Fangschusses sollte man möglichst von hinten, vom Wild unbemerkt, an dieses herantreten.

Der Jäger muß aber auch das *Abfangen* beherrschen, da er in Situationen kommen kann, in denen der Fangschuß nicht anwendbar ist, insbesondere wenn Hunde das kranke Stück binden.

Unsere Altvorderen fingen meistens mit der blanken Waffe ab. Wenn man das Abfangen gut beherrscht, wird das Wild vielfach schneller und sicherer von seinem Leiden erlöst als durch einen Schuß. Vorbedingung ist natürlich, daß man das Abfangen am verendeten Stück Wild vorher häufig geübt hat, und zwar von rechts und von links. Dieses Üben sollte man gelegentlich am geschossenen Stück vornehmen, am besten vor dem Aufbrechen, um später erkennen zu können, welche Fehler gemacht werden.

Rotwild und Damwild werden mit dem Hirschfänger oder dem Waidblatt abgefangen. Man springt an das am Boden liegende Stück vom Rücken her heran und stößt die blanke Waffe tief hinter dem Blatt schräg nach vorn in den Brustkorb und zieht die Klinge dann zwischen den Rippen nach oben. Handelt es sich beispielsweise um einen hoch Blatt getroffenen Hirsch, der noch mit Geweih und Läufen wild um sich schlägt, so gehört schon Können und Mut dazu, im richtigen Augenblick an der richtigen Stelle zuzustoßen. Niemals trete man von der Seite heran, nach der die Läufe zeigen, ein Stück Rotwild kann mit den Läufen gefährliche Verletzungen verursachen. Beim Hirsch warte man einen Moment ab, in dem die eine Stange den Boden berührt und trete dann sofort mit dem Fuß auf die Stange, wobei man das ganze Körpergewicht auf diesen einen Fuß legt – in demselben Moment stoße man den Hirschfänger hinter das Blatt. Es gehört, wie schon gesagt, Übung dazu, um ein Stück richtig abzufangen, und erst wenn man vollkommen sicher ist, darf man sich an das noch lebende Stück wagen. Verständlich, daß es Jäger gibt, die das Abfangen ablehnen, weil sie das Wild nicht unter ihren Händen leiden sehen können. Bedenkt man aber, daß oft, wenn Hunde am Stück sind, nur das Abfangen zum raschen Tod führt, dann ist es waidgerechter gehandelt, sich zu überwinden, als dem Leiden des kranken Stückes zuzusehen. Die Jagd weist auch unangenehme Seiten auf.

Zum Abfangen diente ursprünglich der Hirschfänger, der bei den Forstbeamten im deutschen Raum bis 1945 zum Dienstanzug gehörte und vorrangig als Paradewaffe diente. Heute führt man ein Waidblatt oder ein entsprechend geformtes Jagdmesser, die als Gebrauchswaffe dem Hirschfänger weit überlegen sind. Diese passen sich in ihren Formen den Waffen früherer Jahrhunderte an und erfüllen dabei die

Anforderungen einer modernen blanken Waffe. Das Wesentliche eines Waidblattes ist die Verbreiterung und Verdickung nach der Spitze zu. Hierdurch hat das Blatt den Schwerpunkt vorn und nicht im Handgriff wie die meisten Hirschfänger. Es ist daher zum Schlagen hervorragend geeignet, ähnlich wie ein kleines Beil. Der kurze, fest in der Faust liegende Griff erhöht diese Wirkung noch. Außerdem wird aber durch die Verbreiterung und Verdickung bewirkt, daß das Blatt beim Abfangen eine erheblich breitere und größere Wunde verursacht als ein schmaler spitzer Hirschfänger. Ein „Ausweichen" der ziemlich harten Arterien und Venen und ganz besonders des Herzens selbst, wie das beim Abfangen mit dem Hirschfänger leicht vorkommt, ist beim Waidblatt mit seiner breiten schneidenden Spitze fast ausgeschlossen. Ein spitzer schmaler Hirschfänger „beißt" sich zudem nur zu leicht in einer Rippe fest. Die breite Spitze des Waidblatts dagegen gleitet stets zwischen den Rippen hindurch. Der Tod tritt beim Abfangen schnell ein, wenn der Stoß einigermaßen richtig geführt wurde. Das im Waidbesteck beigegebene kleine Waidmesser ist zum Aufbrechen, zum Brotessen usw. zu verwenden. Ein Hochwildjäger sollte zumindest bei größeren Jagden stets ein Waidblatt bei sich führen, zumal es unter dem Rock sowohl am Gürtel als auch an einer Umhängevorrichtung bequem zu tragen ist.

Zum Abfangen von Sauen benutzt man, wenn ein Fangschuß nicht angetragen werden kann, die Saufeder. Es ist nicht ratsam, mit dem Hirschfänger oder dem Waidblatt an kranke Sauen heranzugehen. Hat man nicht ganz sichere Packer, die die Sau sicher decken, so kann es böse ausgehen, wenn man zu nahe an ein krankgeschossenes Stück Schwarzwild herangeht. Dennoch gibt es routinierte Spezialisten, die eine geringe Sau – gewissermaßen auf dieser reitend oder sie am Teller packend – mit einem Waidmesser abfangen können. Mit der Saufeder kann man sich stets selbst den Keiler in achtbarer Entfernung halten. Auch das Abfangen mit der Feder will verstanden sein, man muß sich vor allem hüten, die Blattschaufel zu treffen, da es vorkommen kann, daß sich die Waffe hinter dieser festsetzt und weder vor- noch rückwärts zu bewegen ist. Der Gebrauch

Saufeder mit Parierstange oder „Knebel".

der Saufeder kann nicht nur angemessen sein, sondern sogar von praktischer Notwendigkeit. Bei einer von Hunden gedeckten Sau kann man nicht immer einen Fangschuß anbringen, ohne die Hunde zu gefährden, man muß also zur Saufeder greifen. Auch bei der Saufeder ist die Art der Konstruktion wesentlich. Die Klinge muß hohl geschmiedet sein, so daß der Eschenschaft in die Hülse hineinragt. Zwischen Hülse und Schaft muß eine *Parierstange* oder ein „Knebel" (meistens aus einem kurzen Geweihende gefertigt) befestigt sein, um ein schnelles Herausziehen der Saufeder aus dem Wildkörper zu ermöglichen. Diese Art der Saufeder wurde am alten Hannoverschen Jägerhof benutzt und findet heute noch mancherorts Verwendung.

Die Saufedern, bei denen eine flache Klinge in einen Spalt des Schaftes hineingeschoben und darin befestigt ist, sind jagdpraktisch nicht zu gebrauchen. Sie können höchstens als Dekoration im Jagdzimmer Verwendung finden. Die Lederumwicklung des Schaftes ist notwendig, um ein Abgleiten der Hände zu verhindern. Eine Nachsuche auf eine angeschweißte Sau wurde früher nie ohne Saufeder gemacht.

Abfangen des Hirsches mit dem Waidblatt.

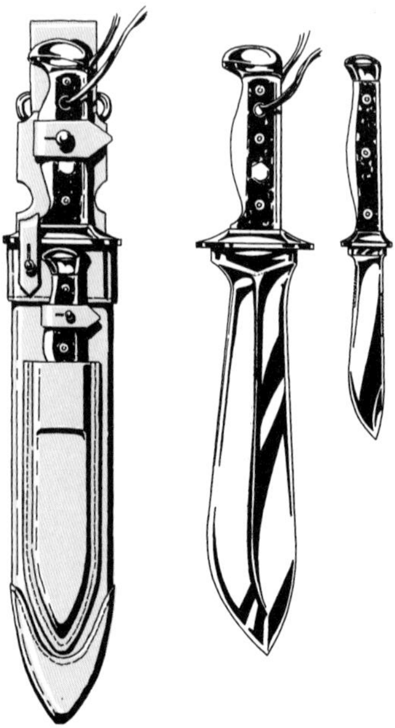

Waidbesteck nach Oberforstmeister Frevert.

Außer dem Fang hinter das Blatt gibt es noch den sogenannten Kälberfang, der für Kahlwild zulässig ist. Man stößt den Hirschfänger oder das Waidblatt von vorn auf den Stich in die Brusthöhle. Diese Methode des Abfangens war schon bei unseren Vorfahren nicht sehr geschätzt, und man sollte sie unterlassen, da keinerlei zwingende Gründe vorliegen, auf diese Weise den Fang zu geben. Man muß meistens dabei das Haupt anfassen und zurückbiegen und ängstigt das todwunde Stück unnötig. Der von der Rückseite blitzschnell geführte Fang hinter das Blatt ist bestimmt wirkungsvoller, tierschutz- und damit auch waidgerechter.

Früher wurde Rehwild vielfach abgenickt. Dies ist nach folgerichtiger Auslegung des Tierschutzgesetzes nicht mehr erlaubt, wenn auch der richtig ausgeführte *Nickfang* den Vorzug hat, daß er blitzartig tötet. Der Nachteil besteht darin, daß man, um ihn richtig anzuwenden, mit der nicht messerführenden Hand das Gehörn oder beim weiblichen Stück die Lauscher fassen und das Haupt herunterbiegen muß, dabei klagt das Wild häufig, und es vergeht eine gewisse Zeit, bis das Waidmesser die richtige Stelle trifft. Nichts ist schlimmer, als das Hantieren eines Dilettanten an einem kranken Rehbock, dem mit der Messerspitze auf dem Hinterhaupt herumgestochert wird! Deshalb ist auch für Rehwild der Fang hinter das Blatt richtiger und zweckmäßiger. Schon mit einem starken guten Waidmesser läßt sich beim Rehwild das Abfangen gut ausführen. Nur immer wieder sei angeraten: Es muß am verendeten Stück vorher geübt sein, damit auch beim ersten Stoß das Herz sofort getroffen wird. Jäger, die sich nicht ständig in solch rauher Jagdpraxis bewähren müssen, sollten die Finger vom Abfangen lassen. Noch ein Wort den Gegnern des Abfangens mit der blanken Waffe: Haben Sie einmal einen scharfen Hund gehabt, der soviel Schneid hatte, daß er ein krankes Stück nicht nur stellte, sondern auch niederzog, und haben Sie dann als Gegner des Abfangens hilflos dabeigestanden, wie der Drahthaar dem Stück schließlich die ganze Drossel herausriß oder wie sich zwei Teckel mit dem todwunden Stück herumbalgten, und Sie konnten keinen Fangschuß abgeben, um die Hunde nicht zu gefährden? Wenn Sie das erlebt haben, dann lernen Sie morgen das Abfangen des Schalenwildes mit der blanken Waffe, und zwar zunächst am verendeten Stück!

Hasen und Kaninchen werden abgeschlagen. Der Rechtshänder faßt zu diesem Zweck das Stück mit der linken Hand an beide Hinterläufe, daß der Kopf herunterhängt, und schlägt mit der schmalen Außenseite der rechten flachen Hand kräftig hinter die Löffel in das Genick. Der Tod tritt dann auf der Stelle ein.

Flugwild wird am zweckmäßigsten mit einem harten Gegenstand auf den Kopf geschlagen, beim Rebhuhn kann man außerdem schon mit dem Daumen den Schädel eindrücken und so schmerzlos den Tod herbeiführen.

Raubwild wird zur Schonung des Balges möglichst mit der kleinkalibrigen Kugel (z. B. .22 lfB) oder mit einem derben Schlag getötet. Ein Hieb mit dem Eichenstock über die Nasenwurzel wird beim Fuchs und bei kleinem Haarraubwild im allgemeinen genügen. Beim Dachs empfiehlt es sich, mit einem Stock mehrmals kräftig gegen die Kehle zu schlagen, nachdem man durch einen Schlag über die Nasenwurzel eine Betäubung herbeigeführt hat. Der Kehlkopf schwillt infolge der gegen ihn geführten Schläge derartig an, daß der Tod durch Ersticken eintritt, bevor das Stück das Bewußtsein wiedererlangt.

Gleichgültig, auf welches Wild ein Jäger jagt – bevor er ein Stück beschießt, muß er die Fertigkeit besitzen, das kranke Stück auf schnellstem und waidgerechtem Wege töten zu können. Wer ein Stück krankschießt und dann hilflos der leidenden Kreatur gegenüber steht, weil seine Kenntnisse nicht ausreichen, den schnellen schmerzlosen Tod zu geben, ist kein waidgerechter Jäger!

Neben dem Einsatz der blanken Waffe gibt es noch die Möglichkeit des Fangschusses aus der Kurzwaffe. Das Kaliber der Faustfeuerwaffe muß dafür (nach § 19, 1, 2 d BJG) eine Mündungsenergie (E_0) von mindestens 200 Joule haben. Wie der Gebrauch der blanken Waffe, so muß auch der Einsatz von Pistole und Revolver gewissenhaft geübt werden, um den Fangschuß waidgerecht antragen zu können.

Aufbrechen, Auswerfen, Ausfahren, Aushaken

Oberster Grundsatz muß sein: Wer ein Stück Schalenwild schießt, muß es auch selbst aufbrechen! Ausnahmen hiervon sind zulässig, manchmal sogar notwendig. Auf einer Wildjagd, bei der zahlreiches Schalenwild geschossen wird, werden die Schützen im allgemeinen das Aufbrechen nicht selbst ausführen, um den glatten Ablauf der Jagd nicht zu verzögern. Auf derartigen Jagden pflegt auch ausreichend Jagdpersonal vorhanden zu sein, das das Aufbrechen übernimmt. Daß ein jüngerer Jäger einem älteren das Aufbrechen abnimmt, ist ein Akt der Höflichkeit. Wer aber allein pürscht, muß ein geschossenes Stück auch selbst aufbrechen. Von dieser waidmännischen Verpflichtung kann ihn keine Entschuldigung befreien. Grundsätzlich ist Haarwild unverzüglich nach dem Erlegen aufzubrechen. Altem Brauch entspricht es, das Stück sofort im Wald zu versorgen. Früher wurde das Wild sogar im Wald zerwirkt und zerlegt. Im Hochgebirge ist das heute noch üblich, da man auf andere Art und Weise ein stärkeres Stück Hochwild nicht zu Tal transportieren kann.

Sind bei der Erlegung allerdings „bedenkliche Merkmale“ am Stück Wild, wie z. B. Husten, unnatürliche Vertrautheit, allgemeine Abge-

Aufbrechen eines Hirsches.

kommenheit bemerkt worden, so wird eine Fleischbeschau notwendig. In diesem Fall sind Gescheide und alle Organe dem Veterinär vorzulegen. Dasselbe gilt für den Fall, daß beim Aufbrechen „bedenkliche Merkmale" festgestellt wurden (z. B. Veränderungen an inneren Organen).

Manche Jäger lüften draußen das Stück nur und brechen erst zu Hause auf. Beim Lüften öffnet man die Bauchhöhle, indem man Decke und Bauchfell durchschärft, und steckt ein glattes Stück Holz in die Öffnung, um den Pansen zurückzudrücken, damit die Bauchhöhle auskühlen kann. Niemals steche man in den Pansen, da hierdurch Gescheideinhalt in die Bauchhöhle gelangen kann und genau das Gegenteil von dem erreicht wird, was bezweckt werden soll.

Das Aufbrechen nach altem Brauch

Angenommen, es handelt sich um einen Hirsch, so wird derselbe zunächst auf den Rücken gelegt und ihm das Haupt so weit zurückgebogen, daß das Geweih nach rückwärts zeigend, auf der Erde liegt. Alsdann tritt der Erleger neben den Träger und schärft mit dem Waidmesser die Decke und das darunterliegende Hautgewebe vom Stich bis zum Drosselknopf auf, faßt mit der einen Hand die Drossel und den darunterliegenden Schlund und zieht beide heraus, indem er mit der anderen Hand den Träger drückt. Schlund und Drossel einschließlich Drosselknopf werden nun vorn abgeschärft und der Schlund längs der Drossel, mit der er durch das Hautgewebe verbunden ist, abgetrennt.

Der Schlund wird darauf entweder verknotet – und zwar so, daß man zunächst mit dem Waidmesser das an ihm sitzende Wildbret abschabt, damit der Knoten nicht rutschen kann – oder man schließt ihn, indem man einen Längsstich durch den Schlund macht und dann das obere Ende mehrfach durch diesen Schlitz hindurchschlingt. Dieser letzte Verschluß ist zwar nicht so dicht wie der Knoten, aber es geht schneller, und beim Abschaben des Wildbrets vom Schlund passiert es leicht, vor allem wenn das Waidmesser sehr scharf ist, daß man den Schlund selbst verletzt. Beide Methoden sind jedoch gerecht und entsprechen waidmännischem Brauch.

Nunmehr schärft man den Drosselknopf von der Drossel, da sich dieser nur schwer in die Brusthöhle hineinziehen läßt, und drückt den Schlund mit dem Daumen möglichst tief nach der Brusthöhle hin in den Wildkörper hinein. Das Ablegen des Hirschfängers und das Abnehmen des Hutes war beim Aufbrechen ebenso verpönt, wie das Aufkrempeln der Ärmel oder das Ausziehen des Rockes.

Es wird erzählt, daß ein heiterer Grund dafür maßgebend gewesen sein soll: Wenn der fürstliche Jagdherr mit seiner Begleitung beim Aufbrechen zugesehen hat, sollten die „ohnehin dreckigen Ärmel" der Jägerburschen nicht sichtbar sein... Ein mit Blattschuß erlegter Hirsch kann aufgebrochen werden, ohne daß man sich den Rock oder die Manschetten zu beschmutzen braucht, bei waidwunden Schüssen ist das schwieriger, man kann evtl. Stulpen über die Unterarme ziehen, wie sie früher noch bei größeren Jagden mitgeführt wurden. Nachdem Drossel und Schlund gelöst sind, tritt man zwischen die Hinterläufe – ein Niederknien ist verpönt, würde auch leicht zur Beschmutzung der Hose führen –, spreizt die Keulen auseinander und schärft mit dem Waidmesser in der Mitte zwischen den beiden Brunftkugeln die Decke durch, und zwar nach vorn bis zur Ausmündung der Brunftrute, also bis zum Pinsel.

Alsdann löst man die Brunftkugeln aus der Decke heraus, indem man mit der linken Hand die Brunftkugeln faßt und mit der rechten Hand die Samenstränge nachfassend herauszieht. Darauf wird mit dem Waidmesser die Brunftrute ausgelöst und beim Hirsch mit der Ausmündung, also mit dem Pinsel, abgeschärft, es bleibt also vorn an der Brunftrute ein Stückchen Decke haften. Hinten wird die Brunftrute so tief wie möglich an der Keule abgeschärft. Man kann sie auch zunächst, nach rückwärts geklappt, hängen lassen und erst nach dem Öffnen des Schlosses abschärfen. Brunftkugeln und Brunftrute werden zur Linken niedergelegt (vom Aufbrechenden aus gesehen), also neben die rechte Keule des Hirsches. Jetzt wird mit dem Waidmesser die Decke wieder aufgeschärft bis zum Brustbein hin.

Bei dem nun folgenden Öffnen der inneren Bauchdecke schafft man vorsichtig schneidend zunächst eine kleine Öffnung, wobei peinlich darauf zu achten ist, daß man nicht in das Gescheide hineinschärft. Diese Öffnung braucht nur einige Zentimeter lang zu sein, so daß man Zeigefinger und Mittelfinger der linken Hand hineinzwängen kann. Indem man nun mit diesen beiden Fingern vorwärtsgleitet, drückt man das Gescheide nach unten und kann mit dem von der rechten Hand geführten Waidmesser – Schneide nach oben zeigend – die Bauchdecke aufschärfen, ohne das Gescheide zu verletzen. Nachdem man die Bauchdecke bis zum Brustbein aufgeschärft hat, schärft man hinten bis zum Schloß durch. Dabei muß das Wildbret zwischen den Keulen durchgeschnitten werden.

Beide Keulen sind aneinandergewachsen, aber sie haben eine Trennungshaut. Es zeigt den Künstler in seinem Fach, wenn diese Trennungshaut beim Durchschärfen so genau gefaßt wird, daß auf keiner

Seite rotes Wildbret sichtbar wird, sondern das Wildbret auf beiden Seiten mit einer dünnen weißlich-bläulich schimmernden Haut überzogen ist. Die rechte Hand faßt nun zwischen Pansen und Leber in die Bauchhöhle hinein, und zwar etwas halbrechts vom Brustbein, und ergreift den Schlund an der Stelle, wo er durch das Zwerchfell in den Brustkorb tritt. Kräftig, aber vorsichtig wird der Schlund herausgezogen, er darf dabei keinesfalls abreißen, da sich sonst Panseninhalt in den Brustkorb ergießt und diesen verschmutzt. Hat man den Schlund herausgezogen, so faßt man mit beiden Händen den Pansen, drückt die Leber nach vorn und löst das ganze Gescheide durch Ziehen und Zurückdrücken aus der Bauchhöhle und zieht es *nach rechts* (vom Aufbrechenden aus gesehen) heraus.

Die Leber, die an dem Zwerchfell festgewachsen ist, bleibt also noch im Wildkörper, wogegen die am Pansen festsitzende Milz mit herausgezogen wird. Das Gescheide ist nunmehr nur noch durch den Waiddarm mit dem Wildkörper verbunden. Um den Waiddarm herauszulösen, muß man zunächst das Schloß aufschlagen. Das Schloß hat eine Naht, die durch eine kleine, von unten fühlbare Erhöhung leicht zu finden ist. Bei einem jungen Stück ist die Naht nur verknorpelt und kann mit einem kräftigen Waidmesser geöffnet werden. Bei älteren Stücken ist die Naht fest verwachsen und muß aufgeschlagen werden. Der moderne Jäger verwendet hierzu meistens eine Messersäge. Doch dies ist *nicht altem Brauch* entsprechend, zumal man häufig damit in die Blase sägt, die dann ausläuft und das Wildbret beschmutzt.

Mit einem Waidblatt, welches den Schwerpunkt vorne hat, läßt sich dagegen das Schloß bequem aufschlagen, so wie es schon vor Jahrhunderten unsere Vorfahren taten. Man führt leichte Schläge auf die Naht, wobei man allerdings immer wieder in dieselbe Kerbe treffen muß, aber bei einiger Übung ist das nicht so schwer, und man öffnet so das Schloß sauberer als mit Säge oder sonstigen Instrumenten. Ist das Schloß durchschlagen, dann muß es aufgebrochen werden. Man faßt zunächst mit den Händen in das Schloß hinein, so daß die Handflächen beiderseits nach außen zeigen, und hebt nun mit durchgedrückten Knien aus dem Kreuz heraus das Stück am Wedel fassend hinten hoch, bis ein krachendes Geräusch entsteht und das Schloß auseinanderplatzt. Oder man setzt sich in die Kniebeuge und drückt nun durch Spreizen der Knie die Arme und damit das Schloß auseinander. Die letzte Methode setzt größere körperliche Gewandtheit voraus als die erste.

Beim Schwarzwild erleichtert man sich das Aufbrechen des Schlosses durch Hochheben des Pürzels. Das Aufbrechen des Schlosses ist bei einem alten Hirsch oder Keiler gar nicht so einfach; zu zweit tut man sich leichter. Blase, Nebenhoden bzw. Eierstock und der Waiddarm werden mit der linken Hand gefaßt, und die rechte Hand führt das Waidmesser, um die Häute usw. abzulösen. Man zieht alles nach hinten heraus und schärft am Waidloch ab. Zum Schluß wird das Geräusch herausgenommen. Zu diesem Zweck schärft man das Zwerchfell innen an den Rippen ab[1], greift mit der rechten Hand in den Brustkorb, faßt die Drossel und reißt mit kräftigem Ruck Herz, Lunge, Leber und Drossel heraus. Schließlich löst man die beiden Nieren aus, sticht die Brandadern auf und hebt das Stück vorne etwas hoch, um es gut ausschweißen zu lassen.

Diese Art des Aufbrechens gilt für alles Schalenwild mit folgenden Abweichungen: Beim Rehwild bleibt beim Bock der Pinsel an der Decke, die Brunftrute wird also unterhalb des Pinsels abgeschärft, und zwar so, daß der Pinsel links von dem durch die Decke geführten Längsschnitt sitzenbleibt (vom Ausbrechenden aus gesehen). Beim weiblichen Rehwild bleibt das Feuchtblatt mit der Schürze an der Decke sitzen, und zwar ebenfalls auf der linken Seite (vom Aufbrechenden aus gesehen). Dieser Brauch dient vor allem dazu, beim Transport von Rehwild sofort das Geschlecht erkennen zu können, was auf andere Weise ohne anatomische Untersuchung nicht möglich ist, falls das Haupt abgeschlagen wurde.

Beim Aufbrechen von Sauen, die ja keine Wiederkäuer sind, ist das Verknoten des Schlundes überflüssig. Der Schnitt zur Freilegung der Drossel und des Schlundes erfolgt auch nicht in der Längsrichtung, sondern es werden Drossel und Schlund mit einem Querschnitt durchgeschärft.

In unebenem Gelände, in dem das Stück noch bis zum Aufladen auf den Wagen geschleift werden muß, empfiehlt es sich, sofern man keinen Rucksack bei sich hat, das Geräusch herauszunehmen. Man durchsticht dann auf beiden Seiten das Zwerchfell so, daß dasselbe am Brustbein und am Rücken noch haften bleibt; wobei dennoch das Heraustreten des Schweißes aus dem Brustkorb und ein Auskühlen des Brustkorbes ermöglicht werden soll. Da die Leber am Zwerchfell (wenn auch locker) festsitzt, kann so das gesamte Geräusch beim Transport nicht herausrutschen. Erst zu Hause nimmt man dann das Geräusch heraus. Ein alter Brauch war es auch, das Geräusch in den umgedrehten und gut ausgeschüttelten Pansen hineinzutun. Der Pan-

[1] Beim Schwarzwild muß ein Stück vom Zwerchfell am Wildkörper zurückbleiben, um es zur Untersuchung auf Trichinen zur Verfügung zu haben.

sen wird dann mit einer Weide überwendlich zugenäht, und so kann das Paket bequem und sauber getragen werden. Vorher hat man natürlich das Geräusch erst etwas aufgehängt, damit der Schweiß abfließen konnte, und hat auch die Herzkammern aufgeschärft und den darin befindlichen geronnenen Schweiß entfernt. Hat man im Winter ein Stück aufgebrochen, welches gut feist ist, so hängt man den Waiddarm, der dick mit Feist besetzt ist, an einem Zweig auf, so daß Meisen u. a. Vögel sich daran gütlich tun können.

Das Aufbrechen nach neuem Brauch

Unter Würdigung des herkömmlichen Brauchtums hat sich beim Aufbrechen von Schalenwild eine Methode durchgesetzt, die besondere Vorteile in der Schnelligkeit und Sauberkeit aufzuweisen hat: Hierbei wird *auf den Drosselschnitt verzichtet,* dafür ist aber die Öffnung des Brustkorbes vom Brustbein bis zum Halsansatz eine notwendige und sinnvolle Ergänzung.

Ein Unterschied zum alten Brauch besteht nur darin, daß nach Aufschärfen der Bauchhöhle „von hinten her" das Schloß – also die Beckenfuge – zuerst aufgetrennt wird und auch die Brandadern gleich geöffnet werden, ehe Schweiß aus dem Brustbereich nach hinten läuft (die Brandadern sind dann besser zu erkennen), und der Aufbrechende sich (bei stärkerem Wild) umdreht – also mit dem Rücken zum Haupt – und so stellt, daß er die verknorpelte Brustbeinplatte von hinten nach vorn aufschärft oder aufsägt. Auf diese Weise wird die gesamte Brusthöhle freigelegt. Man ist dann in der Lage (nachdem man die alte Stellung wieder eingenommen hat), nach Aufschärfen des Zwerchfelles und nach Abtrennen der Drossel und des Schlundes unmittelbar am Trägeransatz mit hartem Griff um die freigelegte Drossel in einem Zug den gesamten Aufbruch nach hinten herauszuziehen. Da und dort wird noch mit dem Messer schärfend nachgeholfen, und man gewinnt den Vorteil, daß auch bei Waidwundschüssen der innere Bereich des Wildkörpers relativ sauber wird und gut auskühlen kann. Ein weiterer Vorteil besteht darin, daß z. B. bei einem Muffelwidder die Trägermähne, die mancher Jäger für die Präparation erhalten möchte, nicht durch den altgewohnten Drosselschnitt beschädigt zu werden braucht.

Von dieser Methode gibt es verschiedene Abwandlungen, bei der einerseits die Drossel mit Schlund und Lecker herausgelöst werden kann, andererseits – wie es im süddeutschen Raum gelegentlich üblich ist – das Schloß (aus Gründen des besseren Transportes und der Schonung des wertvollen Wildbrets an der Innenseite der Keulen) überhaupt nicht aufgebrochen wird. Dazu wird das Waidloch nur kreisförmig umschärft und der Waiddarm nach innen herausgezogen. Alle diese Maßnahmen, die sich aus praktischen Erwägungen entwikkelt haben, verfolgen das Ziel der Schonung des Wildbrets im Revier oder der Vorarbeit für das Zerwirken in der Wildkammer. Die Verwendung von Wasser zur Säuberung von Brust- und Bauchhöhle ist nach neuer Erkenntnis – vor allem solange das Wildbret noch nicht ausgekühlt ist – im Gegensatz zu früheren Meinungen sogar empfehlenswert.

Der Gebrauch moderner, zum Teil raffiniert konstruierter Messer und Scheren (Aufbrechklinge u. a.) finden, obwohl sie durchaus praktisch sein können, nicht so verbreitet Anklang, wie erwartet wurde. Es sollte jedem Jäger vorrangig darauf ankommen, entsprechend seiner individuellen Einstellung zu dieser handwerklichen Tätigkeit und Fähigkeiten, ein ihm gewohntes, handliches, natürlich stets scharfes Messer und auch eine kleine Säge zu verwenden; normalerweise kommt er damit aus. Einem Zwang, beim Aufbrechen Hut, Mantel u. ä. nicht abzulegen, sollte man sich nicht mehr unbedingt unterwerfen.

Nach dem Aufbrechen ist Haarwild so aufzubewahren, daß es gründlich auskühlen (Innentemperatur von + 7 °C und darunter) und in der Körperhöhle antrocknen kann. Das anschließende Zerwirken darf gemäß Fleischhygienerecht nur noch an Orten vollzogen werden, die z. B. hinsichtlich Ungezieferschutz, Sauberkeit und Wasseranschluß den Anforderungen genügen.

Das Kleine und das Große Jägerrecht

Das Geräusch samt dem Feist, welches man ohne Zuhilfenahme des Waidmessers mit den Fingern losreißen kann, erhält der Erleger des Stückes. Es ist dies das sogenannte „Kleine Jägerrecht“. Dieser Brauch wird heute noch allgemein geübt, er ist auch zumeist in den Jagdnutzungsvorschriften der staatlichen Forstverwaltungen verankert. Allerdings gilt als Vorbedingung, daß der Erleger das Stück auch selbst aufbricht. Ist dies nicht der Fall, so erhält der *Aufbrechende* das kleine Jägerrecht.

Das Jägerrecht schlechthin hat eine wechselvolle Entwicklung in der Geschichte der Jagd genommen. Das Bedürfnis, Jagdbedienstete bei der Erlegung von Wild am Wildbret teilhaben zu lassen, Leistungen mit Deputat abzugelten oder auch Verpflichtungen zahlreicher Art möglichst einfach und praktisch zu erfüllen, sind außerordentlich unterschiedlich gehandhabt worden (vgl. S. 26). Das „Große Jägerrecht“, auch „Ganzes“ oder „Volles“ Jägerrecht genannt (Haupt mit Vorschlag bis zur dritten Rippe *sowie* das Geräusch), ist gewissermaßen zum „Kleinen Jägerrecht“ (auch „Halbes“ Jägerrecht genannt) geworden, weil eine Trennung der Anrechte in anderer Weise üblich wurde. Deshalb kommt man heute mit der Bezeichnung „Jägerrecht“ allein nicht mehr aus. Das „Kleine Jägerrecht“ ist in der Jägersprache inzwischen zu einem feststehenden Begriff, ja sogar vielerorts zu einem besonderen Recht geworden. Andererseits fassen zahlreiche Jäger das Recht auf die Trophäe – auch in der Herleitung aus der Wildfolge der Jagdgesetze – als ein „Großes Jägerrecht“ auf. Deshalb ist es nicht nur sinnvoll, sondern auch notwendig, in der Begriffsfassung nunmehr die folgenden Unterschiede festzuhalten:

Kleines Jägerrecht: (steht dem zu, der das Stück Wild selbst aufbricht)	*Geräusch,* d. h. Herz, Lunge, Leber, Nieren, auch Lecker, Feist (Weiß), was beim Aufbrechen anfällt, aber auch Pansen und andere Teile des Gescheides mit Milz (z. B. um damit den Hund genossenzumachen), jedoch *nicht* die Filets (Mürbebraten, Lendenbraten), die sich mit dem Messer rasch herauslösen lassen.
Großes Jägerrecht: (steht dem Erleger zu)	Die *Trophäe,* z. B. Geweih, Grandeln, Gehörn (mit Hirn), Gewaff, Schnecken, Krucken, Gamsbart, Auerhahn und Birkhahn (vollständig), Balg vom Fuchs und Marder mit den Fängen, vom Dachs, Iltis und Hermelin, vom Murmeltier mit den Nagern, sowie andere Teile des erlegten Stückes, die örtlich zur Trophäe gerechnet werden.

Heute wird es wohl keinen Jagdherrn mehr geben, der seinem Jäger oder Gast den Kopfschmuck bzw. die Trophäe eines von diesem erlegten Stückes nicht überläßt. Die Zeit, in der dies nicht selbstverständlich war, ist jedoch noch nicht lange vorbei. Ganz etwas anderes ist es, wenn ein Jagdherr die Ablieferung aller in seinem Revier erbeuteten Trophäen für eine bestimmte Frist, etwa ein Jahr, verlangt, um alles beieinander zu haben, was in seinem Revier erlegt wurde, und um so vergleichen zu können. Solche der Hege und Abschußplanung dienenden Maßnahmen muß auch der Jagdgast anerkennen.

Gebräuche bei der Verwertung des Niederwildes

Warum mancher Hasen oder Kaninchen, die er selbst essen will, vierzehn Tage unausgeworfen hängen läßt, bis die „Mürbebraten" grün aussehen, ist vollkommen unverständlich. Sicher rührt daher die Abneigung mancher Menschen gegen Hasenbraten.

Im Gegensatz zum übrigen Haarwild gilt für die Hasenartigen die Vorschrift des unverzüglichen Ausweidens nicht. Um dem Gesetz genüge zu tun, reicht es aus, dies spätestens bei der Anlieferung an den abnehmenden Betrieb zu vollziehen. Sicher ist die Gefahr des Verhitzens bei diesem relativ geringen Wild nicht so groß wie bei stärkerem, zumal es meist bei kälterer Witterung erlegt wird.

Doch es spricht nichts dagegen, diesem schmackhaften Wildbret dieselbe Sorgfalt angedeihen zu lassen wie dem des Schalenwildes. Deshalb sollte man Hasen und Kaninchen sobald wie möglich ausweiden. Dazu bietet sich – wenn man nicht durch einen einfachen Bauchschnitt (ohne Öffnen des Schlosses) ausweiden will – die brauchtumsgerechte Methode des Auswerfens an. Zu diesem Zweck faßt man den Hasen zunächst mit der linken Hand an die Vorderläufe, hebt ihn hoch und drückt mit den Fingern der rechten Hand die Blase aus. Dieses Ausdrücken der Blase ist immer notwendig, auch wenn der Hase nicht ausgeworfen werden soll. Zum Auswerfen macht man dann zwei Finger breit vor dem Waidloch einen Querschnitt durch den Balg von etwa 8 bis 10 cm Länge. Nunmehr wird der Balg von der Bauchdecke nach vorne zu abgetrennt, indem man in der Hand zwischen Balg und Bauchdecke hineinfährt. Nachdem dies etwa bis zum Brustbein geschehen ist, schärft man die Bauchdecke, ohne den Balg zu verletzen, und wirft das Gescheide heraus. Ein Aufbrechen des Schlosses ist nicht nötig, man reißt oder schärft den Waiddarm vor dem Waidloch ab. Die Leber holt man mit heraus und kann sie, nachdem die Galle vorsichtig entfernt ist gebraten zubereiten. Herz, Lunge und Nieren bleiben im Wildkörper, da sie später im „Hasenpfeffer" Verwendung finden.

Früher hat man auch, nachdem das Gescheide gelöst war, den Hasen ausgeschleudert, indem man ihn fest mit beiden Händen um Vorderläufe und Brust faßte und das Gescheide herausschleuderte, eine heute ungebräuchliche Methode. Nachdem der Hase ausgeschweißt und ausgekühlt ist, mache man mit dem Waidmesser oberhalb des Querschnittes ein kleines Loch in den Balg, ziehe die Blume hindurch, und die Klappe ist fest verschlossen, so daß ein Austrocknen des Wildbrets – der einzige Grund, weshalb man Hasen meistens nicht auswirft – verhindert wird. Derartig ausgeworfene Hasen und Kaninchen halten sich genauso saftig wie nicht ausgeworfene mit dem einzigen Unterschied, daß sie nicht nach Gescheide schmecken und daß man die frische Leber als Leckerbissen verzehren kann.

Waldhühner (und früher Trappen) werden „ausgefahren". Die alte Jägerei sprach auch beim Auerhahn, weil er zur hohen Jagd gehört, von „aufbrechen". Da das Federwild jedoch kein Schloß hat, welches man aufbricht, ist diese Bezeichnung wenig zutreffend, und der Ausdruck „Ausfahren" klarer und besser. Man schärft vom Waidloch bis zum Brustkern den Balg auf und zieht mit der rechten Hand das Gescheide heraus. Vielerorts erachtet man das Aushakeln des schwächeren Federwildes (von Taube bis Fasan) als ausreichend, wobei das kleine Gescheide mit einem durch das Waidloch eingeführten kleinen Haken erfaßt und herausgezogen wird. Da die Gefahr des Zerreißens von Darmschlingen, gerade nach Schußeinwirkungen, gegeben ist, wird diese traditionelle Methode heute als überholt betrachtet.

Alles Federwild sollte baldmöglichst nach der Erlegung ausgefahren werden. Bei Tauben muß unbedingt der Kropf geöffnet und sein Inhalt entfernt werden, da die dort ablaufende Säuerung sonst den Wohlgeschmack des Wildbrets beeinträchtigt. Genauso, wie man verpflichtet ist, Schalenwild aufzubrechen, sollte es eine Selbstverständlichkeit sein, daß man Niederwild auswirft bzw. ausfährt. Die oft zu beobachtende Nachlässigkeit in dieser Beziehung ist groß. Jeder Jagdgast hat die Verpflichtung, das von ihm geschossene Wild auch ordnungsgemäß zu behandeln. Bei großen Treibjagden ist das natürlich für die Schützen unmöglich, aber da ist es Sache des Jagdleiters, genügend Personal hierfür bereitzuhalten.

Strecken und Strecke legen

Nach dem Aufbrechen wird das Wild gestreckt oder zur Strecke gelegt. Ein einzelnes Stück Schalenwild, das auf der Pürsch erlegt wurde, wird auf die rechte Seite gelegt, also Herzseite nach oben, beim männlichen Stück wird das Haupt durch einen Ast aufrecht gestellt, um so den Kopfschmuck besser zu zeigen. Alsdann wird das Stück mit dem Inbesitznahmebruch gerecht verbrochen. Um ein gutes Auslüften des Stückes zu sichern, steckt man in die Bauchhöhle einige sperrige Brüche hinein, jedoch nicht so dicht, daß keine Luft mehr Zutritt hat. Besser ist, man klemmt ein Stück Holz zwischen die Bauchdekken, so daß diese auseinandergehalten werden und die Luft freien

Zutritt hat. Man klappt jedoch die Keulen stets zusammen. Es sieht nicht gut aus, wenn die Keulen auseinandergeklappt liegen und man das schweißige Wildbret leuchten sieht. Man befürchte nicht, daß das Stück hierdurch verdirbt. Ist es sofort aufgebrochen worden und hatte Zeit zum Auskühlen, so kann es, gerecht gestreckt, an schattiger Stelle ruhig einige Stunden liegen, ohne daß die geringste Gefahr des Verderbens besteht.

In den letzten Jahrzehnten ist der Brauch entstanden, dem gestreckten Stück eine angemessene Zeit der Totenwacht zu geben. Dieser Brauch ist schön und sinnig. Der Jäger erlebt in Gedanken noch einmal alle Pürschgänge, die er dem erlegten Stück gewidmet hat. Im Geist sieht er noch einmal all das Interessante und Schöne, was er erlebte um dieses Stück Wild. Es ist eine Stunde der Einkehr mit sich selbst, wenn das Auge voll Freude und Stolz auf der guten Trophäe ruht. Aber eine solche Totenwacht ist nur dann stilvoll, wenn das Stück sauber aufgebrochen, das Gescheide ordentlich eingegraben oder wenigstens abgedeckt und das Stück gerecht gestreckt und verbrochen ist. Das Legen der Strecke nach einer Drückjagd oder Treibjagd wird in Deutschland verschieden gehandhabt. In den einzelnen Fürstentümern hat sich das jagdliche Brauchtum in früherer Zeit unterschiedlicher entwickelt, weshalb wir auch heute noch voneinander abweichende Bräuche in den einzelnen Landesteilen finden.

Heute wird nach Beendigung der Jagd die Strecke folgendermaßen gelegt:

Nach einer Drückjagd auf Hochwild

Dem alten Jagdspruch folgend: „Wie Jäger will obern Falckner seyn, also obertrifft Hirsch das Schwein“, liegt in der ersten Reihe das Rotwild, Hirsche am rechten Flügel, nach links hin die schwächeren Stücke, also das stärkste Stück stets am rechten Flügel. Alles Wild liegt auf der rechten Seite. Jedes Stück wird mit dem Inbesitznahmebruch verbrochen, außerdem erhalten alle männlichen Stücke den letzten Bissen. In der zweiten Reihe liegt das Damwild, dann das Muffelwild, die Sauen, das Rehwild und in der letzten Reihe die Füchse (deren Lunte aufwärts gebogen werden muß!), am linken Flügel der Füchse sonstiges noch erlegtes Wild, vielleicht auch eine im Treiben gefundene Abwurfstange.

Den letzten Bissen als Bruch zu geben, ist übrigens früher nicht überall üblich gewesen. Dieser Brauch hat sich erst Anfang dieses Jahrhunderts allgemein gebildet.

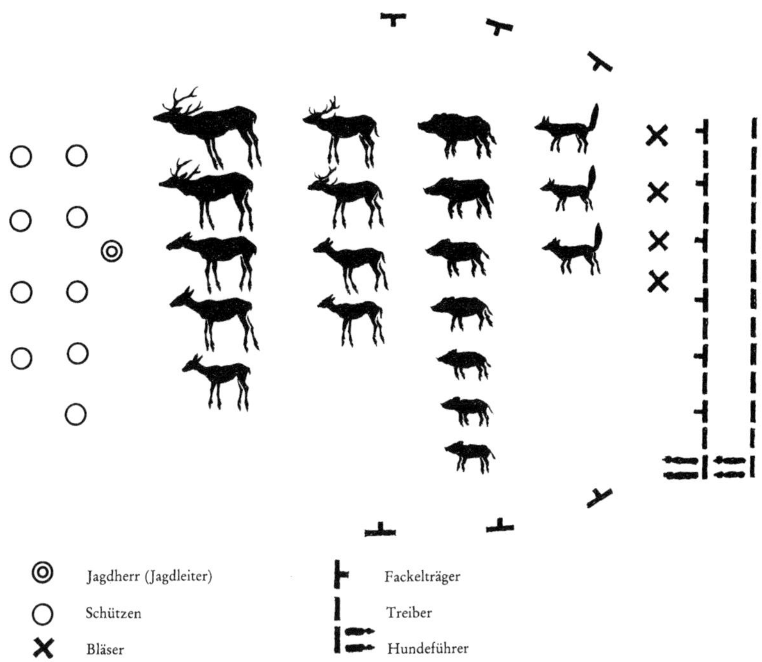

Strecke mit Hochwild und Fuchs.

Dem Raubwild, z. B. Bär, Luchs, Wolf und Fuchs wurde früher in manchen Revieren ein besonderer Platz auf der Strecke eingeräumt. Es wurde in der ersten Reihe, und zwar auf die linke Körperseite gelegt. Es wurde auch zuerst verblasen. An manchen Orten wird dieser Brauch für den Fuchs noch heute gepflegt.

Nach einer Treibjagd auf Niederwild

In der ersten Reihe liegen die Füchse, alle auf der rechten Seite, die Lunten nach oben gebogen. In der zweiten Reihe die Hasen, jeder zehnte ist eine halbe Hasenlänge vorgezogen, vom rechten Flügel anfangend; in der dritten Reihe Kaninchen; in der vierten Reihe die Fasanen und am linken Flügel der Fasanen diverses Flugwild, also etwa Schnepfen, Rebhühner, Tauben usw. Früher legte man im östlichen Deutschland, besonders in Schlesien, die Fasanen in die erste Reihe. Es geschah dies, weil der Fasan ursprünglich zur hohen Jagd gehörte. Heute, da der Fasan zum Niederwild zählt, besteht keinerlei

Veranlassung, an diesem Brauch festzuhalten, zumal derselbe nur in begrenzten Gebieten üblich war. Bei allem Wild ist wie bei den Hasen das zehnte Stück eine halbe Wildlänge vorgezogen. Handelt es sich um sehr hohe Strecken, so werden im allgemeinen nicht mehr als hundert Stück in eine Reihe gelegt. Sind also z. B. dreihundert Fasanen geschossen, so liegen drei Reihen Fasanen hintereinander.

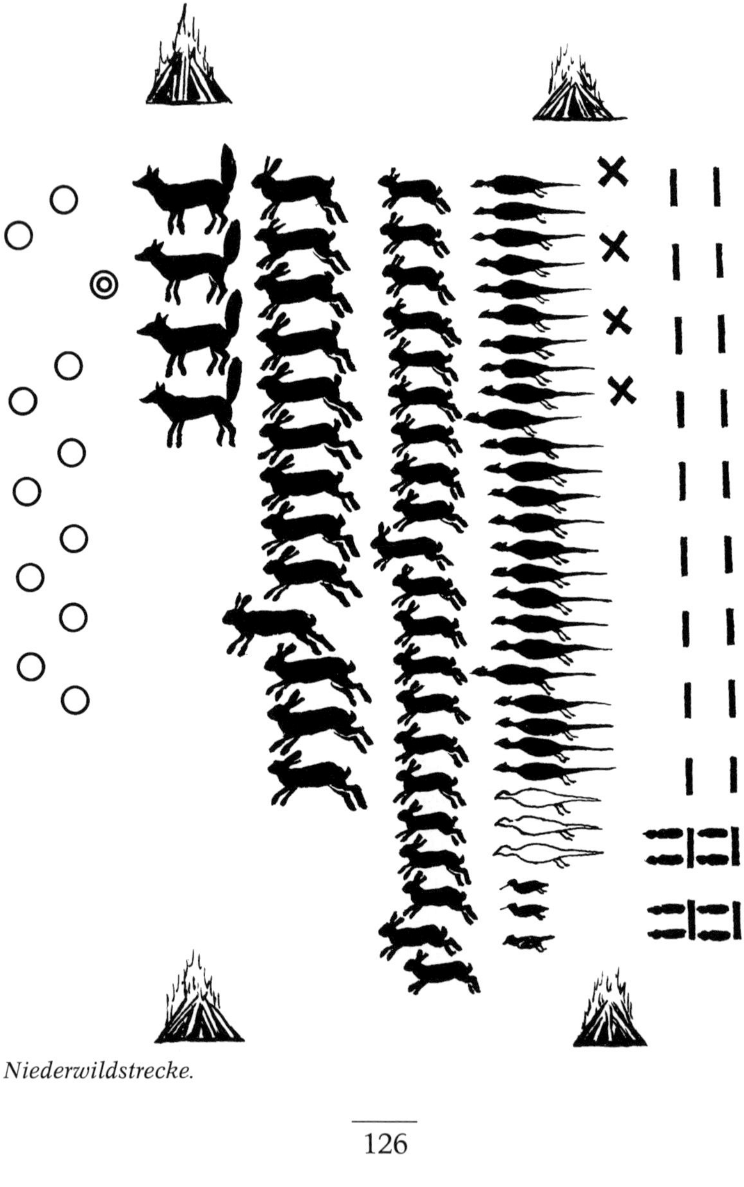

Niederwildstrecke.

Legen einer gemischten Strecke

Bei Waldtreibjagden kommt es häufig vor, daß neben Fuchs und Hase auch Sauen zur Strecke kommen, es wird auch wohl Rotwild freigegeben, so daß also gemischte Strecken der hohen und niederen Jagd vorhanden sein können. Man legt dann stets das Wild der hohen Jagd – für den Begriff der hohen Jagd sind die Jagdgesetze maßgebend – vor das Wild der niederen Jagd.

Nehmen wir an, auf einer Waldtreibjagd sind zwei Schmaltiere, drei Sauen, sechs Füchse und dreißig Hasen geschossen, dann wird man in die erste Reihe am rechten Flügel die beiden Schmaltiere und – da es sich nicht lohnt, bei der geringen Zahl eine neue Reihe zu machen – die Sauen in dieselbe Reihe links anschließend an das Rotwild legen; in der zweiten Reihe die Füchse; in der dritten Reihe die Hasen. Grundsatz sollte immer sein, daß die Strecke möglichst nicht tiefer als breit wird. Wenn also von einer Wildart nur wenige Stücke erlegt würden, so schließt man die folgende Wildart in derselben Reihe an. Nur für das Raubwild gilt das nicht. Füchse und anderes Raubwild liegen stets in einer Reihe für sich.

Bei jeder gelegten Strecke, also Hochwild- und Niederwildstrecke, stehen die Schützen und der Jagdherr vor der Strecke, die Bläser hinter der Strecke am rechten Flügel. Hinter den Bläsern stehen die Treiber, die Hundeführer mit den Hunden am linken Flügel.

Nicht überall einheitlich wird die Gewohnheit für das Tragen des Jagdgewehrs gehandhabt: Sowohl bei der Versammlung und Begrüßung der Jäger vor der Jagd als auch beim Streckelegen sollten die Schützen das Gewehr (auf der linken Seite, mit der Mündung nach oben) tragen. Das Zurücklassen der Gewehre im Wagen hängt von den Weisungen der Jagdleitung ab. Nach dem Gebot der Sicherheit ist bei Repetierbüchsen die Kammer zu öffnen, bei Kipplaufwaffen das Gewehr aufzuklappen. Allein der Jagdleiter kann ohne Gewehr auftreten, um seinen Verpflichtungen (z. B. die Schützenbrüche zu überreichen) ungehindert nachkommen zu können. Im übrigen hat seine Teilnahme als Schütze an der Jagd ohnehin keinen Vorrang.

Verblasen der Strecke

Nachdem die Strecke gerecht gelegt ist und alles seinen Platz eingenommen hat (vgl. Abb. S. 128), kann das Zeremoniell des Verblasens – es muß zu einem bewußt feierlichen Akt gestaltet werden – beginnen.

Hier wird ein Beispiel für den Ablauf gegeben; örtliche Gewohnheiten sollen Berücksichtigung finden.

Der Jagdleiter läßt das Signal „Das Ganze" blasen. Danach meldet er dem Jagdherrn die Strecke nach Wildart und Anzahl. Der Jagdherr dankt und kann hier die Gelegenheit nutzen, seinen Dank den Mitwirkenden an der Jagd zum Ausdruck zu bringen. Dann gibt er ein Zeichen, die Strecke zu verblasen. Ist der Jagdherr zugleich Jagdleiter, so übernimmt er die Bekanntgabe der Strecke und die weiteren Weisungen an die Bläser sowie die notwendigen Handlungen.

Sodann erklingen die „Totsignale" in der Reihenfolge, wie die Strecke liegt. Handelt es sich um eine „*Hochwildstrecke*", überreicht der Jagdleiter (Jagdherr) nach dem ersten Totsignal den ersten Bruch an den erfolgreichsten Schützen der Jagd und ernennt diesen zum Jagdkönig des Jagdtages. Dann werden die weiteren Totsignale geblasen und nach diesen jeweils den Schützen, die ein Stück Wild erlegt haben, ein Bruch überreicht. Wenn möglich, sollte hierbei ein Hirschfänger oder Waidblatt verwendet werden. Der Jagdleiter muß darauf achten, daß niemand vergessen wird, dem ein Bruch zusteht, er sollte sich auch etwas einfallen lassen, feinere Nuancen einzubauen: einem Schützen, der ein falsches Stück geschossen hat, könnte er z. B. nur einen winzigen Bruch mit einer passenden (nicht verletzenden) Bemerkung übergeben. Es ist auch ein schöner Brauch, einem verdien-

Verblasen der Strecke.

ten Treiber angesichts der Strecke einen Ehrentreiberstock zu überreichen.

Handelt es sich um eine *Niederwildstrecke,* so steht den Erlegern offiziell kein Bruch zu (Ausnahme ggf. ein Kugelfuchs). Wohl aber kann der Jagdleiter (Jagdherr) dem erfolgreichsten Schützen einen Bruch überreichen und – soweit es in dem Revier üblich ist – diesen zum Jagdkönig ernennen.

Wenn die Brüche ausgehändigt sind, erklärt der Jagdleiter (Jagdherr): „Nunmehr klingt die Jagd aus mit den Signalen ‚Jagd vorbei' und ‚Halali'!" – Die Jagd ist damit beendet.[1]

In zahlreichen Jagdrevieren, auch des osteuropäischen Raumes, ist es üblich, bei dem Signal „Halali" die Kopfbedeckung abzunehmen oder als Uniformträger den Handgruß zu erweisen. In Jägerkreisen ist die Ansicht hierüber durchaus geteilt, weil sentimentale Übertreibungen als Ehrerweisung dem erlegten Wild gegenüber die Grenze zum Lächerlichen überschreiten könnten. Jeder Teilnehmer am Streckenverblasen sollte sich so verhalten, wie er es vor seinem Gewissen verantworten kann. Wer sich nicht sicher ist, richte sich danach, in welcher Weise der Jagdleiter (Jagdherr) seine Achtung dem gestreckten Wild gegenüber entbietet.

Wie aus diesen Darstellungen hervorgeht, gehören zur guten Organisation einer Jagd auch die Maßnahmen, die eine feierliche Form des Streckeverblasens gewährleisten: Fackeln und Holzfeuer (vielleicht auch Pylonen) sollten die Strecke am Abend beleuchten. Eine betonte Rücksichtnahme im Interesse eines würdigen Verlaufes der Zeremonie muß von jedem Teilnehmer erwartet werden. Es gebietet auch der Respekt vor dieser Brauchtumshandlung, Lärm (auch von Kraftfahrzeugen) und Störungen (z. B. durch Photographen u. a.) fernzuhalten. Niemand darf über die Strecke treten oder sie überspringen. Alle Teilnehmer haben das Bedürfnis, eine schöne Erinnerung an den Jagdtag zu behalten, die weder durch Sentimentalitäten, noch durch Verletzungen der würdevollen Feier des Streckelegens und Streckeblasens getrübt werden darf.

Über den Brauch, nach der Jagd einen *Jagdkönig* zu ernennen, sind die Meinungen der Jäger sehr unterschiedlich. Die einen lehnen den Jagdkönig ab, weil ein „Vielschießer" nicht gerade der würdigste Jäger zu sein braucht, andere wiederum haben in dem Jagdkönig gern eine Persönlichkeit, die im Namen der Teilnehmer den Dank an den Jagdherrn ausspricht. Dies geschieht gemeinhin beim Schüsseltreiben.

[1] Der Jagdleiter ist dann aus seiner Verantwortung entlassen.

Unsinn ist natürlich, wenn die Jäger verlangen, daß der Jagdkönig verpflichtet ist, eine „Lokalrunde" zu spendieren, insbesondere, wenn es sich um einen bescheiden bemittelten Jäger handelt. Es müßte gerade umgekehrt sein: Die Teilnehmer am Schüsseltreiben sollten den Jagdkönig freihalten! Im übrigen kann sich der Jagdherr das Recht nehmen, den Jäger des Jagdtages zum „Jagdkönig" zu ernennen, der sich durch rücksichtsvolles, sauberes Schießen oder sonst vorbildliches Verhalten ausgezeichnet hat. Es braucht nicht der Schütze zu sein, der am meisten erlegte. Nach dem Brauchtum werden dem Jagdkönig normalerweise keine besonderen Rechte eingeräumt.

Transport des Wildes

Jedes Stück *Schalenwild* wird nach altem Brauch stets mit dem Haupt nach vorn geschleift, getragen, gefahren oder gekarrt. Dieser Brauch hat auch eine praktische Bedeutung. Schleift man z. B. Wild umgekehrt, so brechen sofort die Haare ab, und das Stück wird unansehnlich, außerdem schleift es sich erheblich schwerer. Man sieht leider allzu häufig, daß ein Hirsch so auf einen Wagen verladen wird, daß das Haupt hinten herausragt. Das entspricht nicht jagdlichem Brauchtum, wenn es auch vielleicht schöner aussieht! Ein Stück Schalenwild wird, nachdem es auf den Wagen oder Karren gezogen würde, mit Brüchen bedeckt. Einmal um die Fliegen fernzuhalten und zum anderen, weil es so geschmückt einen besseren Anblick bietet. Rehwild wird häufig im Rucksack transportiert. Im Hochsommer in der Blattzeit ist der Rucksack nur bedingt ein geeignetes Transportmittel, da das Wildbret – wenn der Bock noch warm war beim Einpacken, was meistens der Fall sein wird – leicht verhitzt. Ein sehr praktisches Instrument, um Rehwild, Gams, auch Wildkälber zu tragen, ist der sogenannte *Gamsträger,* ein im Hochgebirge seit allen Zeiten bekanntes Lederkoppel.

Niederwild wird im allgemeinen, sofern es sich um geringe Mengen handelt, im Rucksack getragen. Das ist nur bei kurzer Verweildauer gutzuheißen. Zum einen werden Hasen und Flugwild sehr unansehnlich im Rucksack; zum anderen besteht die Gefahr des Verhitzens. Man sollte daher Flugwild grundsätzlich am Galgen oder an der Böhmischen Wildtrage, die sehr praktisch ist, tragen. Der Fuchs wird, um den Balg zu schonen, nicht in den Rucksack gesteckt, sondern zusammengeschränkt außen auf dem Rucksack getragen. Bei Treibjagden muß ein Wildwagen vorhanden sein. Wer die Kosten einer Treibjagd aufwendet, darf hieran nicht sparen wollen. Hasen, die den ganzen Tag auf den Rücken der Treiber geschleppt wurden, sehen abends garstig aus, ganz abgesehen davon, daß es eine Zumutung ist, von Treibern zu verlangen, daß sie den ganzen Tag das Wild schleppen sollen. Der Wildwagen muß mit querlaufenden Stangen versehen sein, an die Hasen und Kaninchen mit dem Kopf nach unten und gebundenen Hinterläufen, Fasanen umgekehrt mit einer durch die Nasenöffnung am Schnabel hindurchgezogenen Schnur aufgehängt werden. Enten und Fasanen können auch mit dem Unterschnabel an durch die Stange geschlagenen Nägeln bequem befestigt werden. Das Wild muß so hängen, daß es sich möglichst nicht berührt; niemals darf das Wild auf einem Haufen liegen.

Tragen eines Bockes.

Auch bei dem heute vielfach üblichen und unvermeidbaren *Transport im Auto* sollte das Wild sorgfältig behandelt werden. Vor allem ist darauf zu achten, daß es nicht im geschlossenen Kofferraum verhitzt.

Zerwirken und Zerlegen von Schalenwild

Das Zerwirken von Schalenwild oder das Aus-der-Decke-Schlagen, beim Schwarzwild Abschwarten, beginnt beim liegenden Stück stets am rechten Vorderlauf. Eine Handbreit oberhalb des Geäfters wird die Decke ringsum durchgeschärft, dann schärft man die Decke mit einem geraden Schnitt auf der Innenseite des Laufes bis zum Brustkern auf. Alsdann wird die Decke vom Brustbein bis zum Äser aufgeschärft. Nunmehr wird die Decke durch Drücken mit dem Daumen oder der Faust und unter Zuhilfenahme des Waidmessers abgedeckt, und zwar zunächst nach dem Haupt hin und dann vom Schulterblatt nach der Keule zu. Man darf nicht umgekehrt von der Keule aus nach vorn arbeiten, weil dann die Decke nur schwer von den Lappen zu lösen ist. Ist man bis vor die Keule gekommen, so verfährt man genau wie am Vorderlauf. Der Schnitt durch die Decke des Hinterlaufes wird hier in Richtung des Waidloches geführt. Alsdann tritt man um das Stück herum und beginnt am linken Vorderlauf und arbeitet genauso wie an der anderen Seite. Ist das Stück aus der Decke geschlagen, so bleibt das Wildbret bei dem nun folgenden Zerlegen auf der Innenseite der Decke liegen, damit es nicht schmutzig wird.

Zum Zerlegen eines Stückes ist eine Säge nicht unbedingt nötig. Zuerst wird das rechte Blatt, dann das linke mit Hilfe des Waidmessers ausgelöst. Dann schlägt man das Brustbein bis zum Trägeransatz mit dem Waidblatt durch oder benutzt dazu die Küchensäge. Um nun die Rippen – die Wandl, wie man in Süddeutschland sagt – abzutrennen, ritzt man die einzelnen Rippen vier Finger breit von der Wirbelsäule mit dem Waidmesser von innen gut an, so daß eine gerade Linie längs der Wirbelsäule gebildet wird. Hierauf wird mit dem Messer das Wildbret längs dieser Linie zwischen den Rippen durchstochen. Früher faßte man die letzte Rippe mit der linken Hand kurz an und steckte die Messerklinge etwa ein Drittel zwischen den Rippen hindurch, benutzte das Messer als Hebel in der rechten Hand und drückte mit der linken die Rippe zu Boden, bis sie abbrach, und so fort bis zur letzten Rippe.

Heute haben sich feine (z. B. Eisen-) Sägen und Aufbrechzangen bewährt. So werden keine spitzen Knochen hinterlassen, die Gefrierbeutel durchstechen. – Zum Schluß schneidet man mit dem Messer mit einem geraden sauberen Schnitt die Weichteile (die sogenannten Lappen) bis zur Keule durch und vor der Keule ab.

Nunmehr schärft man genau vor den Keulen den Rücken mit dem Waidmesser durch und sägt von innen den Wirbelknorpel durch. Um sich diesen Arbeitsgang zu erleichtern, „macht man die Jungfrau“, d. h., man kreuzt die Hinterläufe übereinander, klappt also die Keulen zusammen, kreuzt dann die Läufe und drückt diese gegen den Boden. Dadurch entsteht unter dem Rücken ein Hohlraum. Die beiden Keulen lassen sich nun durch einen Schnitt mit dem Waidmesser, der am Wedel entlang geführt wird, und durch eine gegeneinander gerichtete Drehung leicht trennen. Alsdann wird der Rücken am Trägeransatz durchgeschlagen und der Rücken selbst bei Bedarf in *Vorderziemer* und *Wedelziemer* geteilt. Auch der Träger kann je nach Wunsch noch einmal geteilt werden. Das Haupt wird beim Zerwirken und Zerlegen im allgemeinen, sofern es sich um ein männliches Stück handelt, schon vorher abgetrennt. Beim weiblichen Stück wird die Decke natürlich auch vom Haupt entfernt, und das Haupt wird vom Träger getrennt. Dieses Zerwirken und Zerlegen gilt für alles Schalenwild.

Da man im Hochgebirge nur in seltenen Fällen ein Fahrzeug an den gestreckten Hirsch heranbringen kann, muß dort ein Hirsch öfter an Ort und Stelle zerwirkt und zerlegt werden. Hierbei wird nach altem, gerechtem Brauch folgendermaßen verfahren: Haupt und Geweih bleiben am Hirsch. Der Hirsch wird, wie oben beschrieben, aus der Decke geschlagen, jedoch mit dem Unterschied, daß die Decke am Rücken haften bleibt. Beim Zerlegen werden auch erst beide Blätter ausgelöst, alsdann wird ebenfalls das Brustbein durchschlagen, und nun zähle man vom Trägeransatz drei Rippen und schlage beim Wirbelsäulenknorpel der dritten Rippe den Rücken durch. Man hat so den Vorschlag abgetrennt. Die beiden Keulen bleiben zusammen und werden nicht voneinander getrennt.

Nunmehr wird der Hirsch wie folgt zu Tal getragen: Es gilt als Regel, daß drei Mann einen Hirsch tragen müssen. Träger 1 nimmt die beiden Keulen derart über die Schulter, daß die Läufe nach vorn ragen, über die er beide Unterarme legt. Träger 2 nimmt den Vorschlag mit Haupt und Geweih, dazu die beiden Blätter. Die Blätter und den Vorschlag steckt er in den Rucksack und legt sich das Geweih so über beide Schultern, daß das Haupt nach rückwärts schaut und er mit den beiden Händen die Geweihstangen hält. Träger 3 nimmt den Rücken und die beiden Wandl sowie das Geräusch und schlägt diese in der Decke zusammen, die er verschnürt im Rucksack oder im Gamsträger trägt. Der Rücken wurde nicht von der Decke gelöst, um hierbei ein Verrutschen des Wildbrets zu vermeiden. Diese Art, einen Hirsch zu Tal zu tragen, ist im Hochgebirge seit alter Zeit üblich.

In diesem Zusammenhang seien noch einige Sätze zum Absatz des Wildbrets erlaubt. In einer Zeit, in der außer Jägern kaum noch jemand mit unzerwirktem Wild etwas anfangen kann, ist es ratsam, das Wildbret vollständig zerlegt – möglichst sogar entbeint in Kleinbraten – abzugeben. Der Erlös steigt dabei deutlich. Wichtig zu kennen ist dafür jedoch der „Wildbret-Aufteilungsschlüssel".

	a. nach Gewicht	b. nach Wert	c. ohne Decke/ Schwarte
Rücken	ca. 1/6	27,5%	29,0%
Keulen	ca. 2/6	44,0%	46,2%
Blätter	ca. 1/6	16,6%	17,5%
Kochwildbret			
Hals, Rippen	ca. 1/6	6,9%	7,3%
Decke	ca. 1/6	5,0%	

Da heute kaum jemand die Decke haben will, sie also unverkäuflich ist, errechnet sich die Werttabelle c.

Unter Anwendung vorstehender Tabelle (b, c) ist es möglich, auch ohne die einzelnen Partien zu verwiegen, angemessene Einzelpreise zu erlangen, vorausgesetzt, daß ein Stück nur in die aufgeführten Teile zerlegt wird. Der Kaufpreis der einzelnen Teile ergibt sich aus dem Gesamtkaufpreis mal dem Prozentsatz, geteilt durch 100. Beispiel: 1 Reh kostet 80 DM. Dann kostet der Rücken 80 × 27,5 : 100 = 22 DM. Diese Berechnungsgrundlage vereinfacht manche Wildaufteilung.

Bei kleineren Portionen empfiehlt es sich, sie zu wiegen. Der Preis wird dann über die Tabelle der relativen Werte (c) bestimmt.

Das Gewicht des Schalenwildes wird stets aufgebrochen angegeben. Hierunter ist einheitlich zu verstehen das Stück ohne Gescheide und Geräusch und ohne Kopfschmuck, also versandfertig.

Das *Abbalgen des Raubwildes* gehört nicht zum Brauchtum im engeren Sinne, sondern ist nur eine handwerkliche Technik, die zu beschreiben nicht Aufgabe des Buches ist, zumal sie bereits in jagdlichen Lehrbüchern vielfach beschrieben worden ist. – Beim Zerlegen des Niederwildes gibt es ebenfalls keine besonderen Bräuche. Erwähnt sei nur, daß man zu besonderen Gelegenheiten der Zubereitung an Fasanen, Rebhühnern und Schnepfen die Köpfe beläßt, und daß man *Schnepfen nicht aushakt,* sondern das Gescheide als sogenannter Schnepfendreck eine Delikatesse (mit Gewürzen gebraten auf Toast serviert) für Feinschmecker darstellt.

Tottrinken und Schüsseltreiben

Der Jäger ist einem guten Trunk im allgemeinen nicht abgeneigt. Von den ältesten Zeiten bis in unsere Tage sind Trinksitten mit der Jagd verknüpft. Es gibt einen derben Jagdvers:

„Der Jäger, der nicht säuft,
Der Hund, der nicht läuft,
Und das Mädchen, das nicht stille hält –
Das sind die drei größten Wunder der Welt!"

Beim frohen Becherklang erlebt man noch einmal die ganze Jagd, bei schäumendem Bier erzählt es sich besser und freier, bei golden schimmerndem Wein leuchten die Augen der Jungen vor Begeisterung, die der alten in stiller Freude.

So schön es sein mag, nach der Jagd den Humpen zu schwingen, so verwerflich ist es auch, während der Jagd selbst Alkohol zu trinken. Der Umgang mit dem Gewehr ist eine ernste Sache, die Verantwortung verlangt; und man sollte nicht durch Alkoholgenuß dieses Verantwortungsgefühl schwächen. Bei einer Treibjagd im kalten Winter mag ein Schnaps oder auch ein Glas Punsch, Grog oder dergleichen zum Frühstück wohl von den meisten Jägern ohne nachteilige Folgen vertragen werden – nichts ist aber schlimmer, als wenn nach dem Frühstück eine leicht angeheiterte Jagdgesellschaft aufbricht und nun, von inneren Hemmungen befreit, achtlos mit der Waffe umgeht. Während der Jagd Alkohol zu trinken ist im höchsten Grade verantwortungslos. Nach der Jagd sollte sich dagegen niemand von dem schönen Brauch des Tottrinkens ausschließen. Neuerdings ist dieser Umtrunk nach der Jagd jedoch nicht unbedenklich. Die meisten Jäger kommen mit einem Kraftfahrzeug zu einer Jagd. Wer aber abends seinen Wagen steuern muß, darf keinen Alkohol trinken! Immer mehr gehen daher Jagdgesellschaften dazu über, für den Transport aller Jagdteilnehmer einen Omnibus zu mieten. Dann sind der Fröhlichkeit keine Schranken gesetzt.

Hat man ein Stück Schalenwild, insbesondere einen guten Hirsch, Rehbock oder Keiler erlegt, so wird dieses Stück *totgetrunken.* Das geschieht nun nicht etwa mit Schnaps draußen im Revier bei dem eben verendeten Stück, sondern man tut das erst zu Hause. Die Trophäe wird zu diesem Zweck, mit grünen Brüchen geschmückt, auf einen Tisch aufgebaut und möglichst mit Kerzenlicht beleuchtet. Am stimmungsvollsten wirkt so etwas in der Jagdhütte oder zu Hause am offenen Kamin. Der glückliche Erleger sitzt so, daß er das Geweih oder Gehörn stets vor Augen hat, das warme Kerzenlicht spielt an den weißen blitzenden Enden und wirft vervielfachte Schatten an die Wände. Im offenen Kamin prasseln die Birken- oder Eschenscheite, und gute Freunde trinken auf das edle Waidwerk. Der flackernde, wärmende Kamin ist überhaupt der beste Platz, um nach der Jagd Erinnerungen nachzuhängen, und kein Ort ist auch sonst geeigneter für Vergeben und Vergessen. Wie wohlig sitzt es sich, von außen gewärmt durch die lodernde Glut, von innen durch den heißen, dampfenden Grog, von unten durch die mächtige, vor dem Kamin liegende Sauschwarte! Man wird vor einem Kamin niemals Langeweile empfinden – das Feuer ist der beste Unterhalter!

Nach gemeinsamer Treibjagd folgt das *Schüsseltreiben* oder der *Knödelbogen*, wie der Bayer sagt. An diesem Brauch sollte festgehalten werden. Das gemeinsam eingenommene Abendbrot an langer, mit Grün geschmückter Tafel bildet einen guten Abschluß des gemeinsam erlebten Jagdtages. „Wer nach froh verlebter Jagd eilig aus dem Staub sich macht – der ist kein Jäger nicht!“ heißt es in dem schönen alten Jägerlied. Einmal pflegt eine Treibjagd eine mehr oder weniger anstrengende Sache zu sein, so daß ein kräftiges Essen hinterher schon aus gesundheitlichen Gründen zu empfehlen ist. Andererseits wird durch das Schüsseltreiben auch die Geselligkeit gepflegt, man lernt seine Mitjäger näher kennen, es werden Erlebnisse und Erfahrungen ausgetauscht. Es braucht durchaus nicht ein Jagddiner zu sein, eine gute Erbsensuppe mit Schweinefleisch oder Sauerkraut mit Pökelrippen sind gute Jägeressen, die auch in einer einfachen ländlichen Gastwirtschaft schmackhaft zubereitet werden können. Findet das Jagdessen im Hause des Jagdherrn statt, so muß auf der Einladung der Anzug angegeben werden. Nichts ist peinlicher, als wenn man als einziger in Schmierstiefeln und Lodenjoppe im Salon der Hausfrau erscheint, und alles andere glänzt in gestärkter Hemdenbrust.

Immer aber muß die ganze Jägerei an einem Schüsseltreiben teilnehmen, hier Unterschiede zu machen, ist nicht jagdlicher Brauch. Bei den Jägern gilt der Mann und nicht sein Stand. Maßgebend für uns Jäger können und dürfen nur die jagdlichen Fähigkeiten und Leistungen und vor allem die jagdliche Gesinnung sein. Daß für die Treiber ebenfalls nach der Jagd gesorgt werden muß, ist eine Selbstverständlichkeit. Manche Jagdherren vermeiden das Schüsseltreiben, weil ihnen die Sache zu teuer wird. Aber es ist keineswegs erforderlich, daß der Jagdherr zu dem Schüsseltreiben einlädt; es ist den Gästen viel angenehmer, sich nicht so verpflichtet fühlen zu müssen. Man lasse also ruhig jeden Gast selbst bezahlen, was er verzehrt, aber man organisiere als Jagdleiter das Schüsseltreiben richtig und bereite es sorgfältig vor, indem man mit dem Gastwirt genau abspricht, was er kochen soll, und indem man für eine einfache, aber würdige Ausschmückung des Raumes mit grünen Brüchen sorgt. Blumen gehören dagegen auf eine Jagdtafel nicht.

Es ist ein alter Brauch, daß beim Schüsseltreiben der Jagdherr ein „Horrido" auf das edle Waidwerk ausbringt. Das Horridorufen wird vielfach falsch gemacht. Der Jagdherr: „Das edle deutsche Waidwerk Horrido". Alle: „Joho". Jagdherr: „Horrido". Alle: „Joho". Jagdherr: „Horrido". Alle: „Joho". Es ist stillos, hinterher noch etwa „Hussassa" oder ähnlichen Unsinn anzuschließen.

Ein Jagdgast, am besten der älteste oder angesehenste oder der *Jagdkönig*, hat in einer Ansprache im Namen der Jagdteilnehmer dem Jagdherrn Anerkennung und Dank für die Durchführung der Jagd und die gewährte Jagdgastlichkeit auszusprechen. Er bringt ein dreifaches „Horrido" auf den Jagdherrn und auf die aus, die ihn unterstützten – so erfordert es der gute Brauch. Findet das Jagdessen im Hause des Jagdherrn statt, so ist selbstverständlich die Hausfrau in den Dank und das „Horrido" mit einzuschließen.

Zahlreiche Trinksitten sind beim Schüsseltreiben üblich. Ein alter Brauch ist es, einen Humpen, etwa einen Stiefel oder Pokal, kreisen zu lassen. Jeder, der daraus trinkt, erhebt sich von seinem Platz und spricht einen Jägerspruch oder bringt ein Wohl aus und reicht, nachdem er einen guten Zug getan hat, den Humpen dem nächsten weiter.

„Bring einer es dem Andern rum,
Daß es von eim zum Andern kumm!"

Eine ähnliche Sitte ist der Willkommenstrunk. Kommt ein Gast zum erstenmal in ein Jagdhaus, so wird ihm aus einem besonders schönen Pokal ein Trunk, der sogenannte „Willkomm" dargeboten. Es gibt alte, berühmt gewordene Willkommpokale, zu denen vielfach Gästebücher gehören, in die sich alle eintragen sollten.

Ein schöner alter Rundgesang hat sich unter unseren Forststudenten bis heute erhalten. Es ist das sogenannte *„Hörnchenlied"*. Zwar hat dieses Lied nur einen Vers, aber dafür singt man ihn wie der Obrist in der Münchhausenschen Ballade auch „Fünfzehn Male". Ein Trinkhorn, früher aus dem Horn eines Auerochsen, eines Wisentes, heute z. B. aus dem Schlauch eines Muffelwidders gefertigt, wird mit Bier oder einem anderen zünftigen Getränk gefüllt und zuerst dem Jagdherrn gereicht. Dieser erhebt sich, das gefüllte Horn in der Rechten, und alles beginnt zu singen:

„Jagen ist die höchste Lust auf Erden,
Jagen ist die allerhöchste Lust.
Wenn die Hunde lustig bellen
Und das Wild dem Jäger stellen,
Das erfreuet seine Brust!"

Das Hörnchenlied

Das Hörnchenlied

In diesem Augenblick setzt der Jagdherr das Horn an die Lippen und beginnt zu trinken. Alle übrigen singen: „Triumphgeschrei zum Jagen“ – der Jagdherr setzt ruckartig ab und singt allein „Hallo“, der Jagdherr trinkt sofort weiter und alle singen „Triumphgeschrei zum Jagen Halloo-o-o-o“. Der Jagdherr muß ausgetrunken haben und macht bei dem letzten, langgezogenen Hallo die Nagelprobe; er reicht dann das Trinkhorn dem nächsten, und während dieser das Horn füllt, singt die ganze Corona wieder: „Jagen ist die höchste Lust auf Erden – – –“ usw., bis das Horn bei allen herumgegangen ist.

Ein weiterer alter Brauch ist die Einberufung eines Jagdgerichtes. Diese Sitte hatte früher ein strenges Reglement. Hatten sich Jagdteilnehmer Verstöße zuschulden kommen lassen, so wurde es in vorgerückter Stunde berufen. Drei ältere, angesehene Jäger kostümierten sich in humorvoller Weise als Richter, Verteidiger und Ankläger, und ein Gerichtsbüttel schleppte die Angeklagten vor den mit grünen Brüchen, Gewehr, Hirschfänger und Jagdhorn geschmückten Richtertisch. Jeder Vorgeführte mußte zunächst auf das Wohl des hohen Jagdgerichts trinken, wobei der Büttel stets mitzutrinken hatte. Bei längeren Sitzungen des Jagdgerichts war daher der Posten des Büttels sehr anstrengend. Es war Sache der Richter, durch Humor und Witz die Sitzung zu einem heiteren Erlebnis für alle zu gestalten. Als Strafen kamen Geldspenden für irgendeinen guten Zweck in Betracht, oder es wurden dem Angeklagten die Pfunde erteilt. Der Büttel schlug mit dem flachen, gezogenen Hirschfänger oder Waidblatt dem Bestraften auf die Kehrseite, und der Jagdrichter rief beim ersten Schlag: „Joho, das ist für unser deutsches Reich", beim zweiten: „Joho, das ist für Ritter, Reiter und Knecht", beim dritten und letzten: „Joho, das ist das edle Jägerrecht!" Dabei wurde auf den Jagdhörnern das Signal „Blattschlagen" geblasen: „Gebt die Pfunde ihm! Drei Schlag mit hell blinkendem Blatt, gebt die Pfunde ihm!"

Selbstverständlich können und sollen auch heute nach Gesellschaftsjagden noch Jagdgerichte berufen werden. Diese sind, wenn sie zeitgemäß, angemessen und gekonnt abgehalten werden, ungemein unterhaltend. Bei den Ansprüchen, die heute jeder an Eloquenz und Witz stellt (durch das Fernsehen verwöhnt), muß ein solches *Jagdgericht* sorgfältig vorbereitet sein und läßt sich nicht so aus dem Handgelenk schütteln. Die beteiligten Richter, Ankläger und Verteidiger müssen es sehr gut verstehen, mit passendem Humor einen hohen Grad der Heiterkeit zu erzeugen. Sonst wirkt eine solche Veranstaltung dürftig, lächerlich oder gar peinlich – man sollte dann besser darauf verzichten. Auch die Urteile sollten für alle – auch den Delinquenten – unterhaltender Natur sein; Pfunde geben und der „Alkoholgenuß" aus beschossenen Flintenläufen sind nicht mehr zeitgemäß.

In diesem Zusammenhang sei darauf verwiesen, daß vor allem sicherheitsrelevant oder jagdrechtlich gravierendes Fehlverhalten nicht vor dem Jagdgericht verhandelt werden soll. Hier ist es Sache des Jagdherrn bzw. Jagdleiters gegebenenfalls noch während der Jagd den fahrlässigen Jäger von der Jagd auszuschließen oder ein ernstes Gespräch mit ihm zu führen.

In Österreich besteht die Sitte des Waidmannsheiltrinkens. Beim Zutrinken wünscht man sich gegenseitig „Waidmannsheil", muß aber stets dabei das Glas mit der *linken* Hand erheben. Dieser Brauch ist auch in vielen Gegenden Deutschlands üblich geworden.

Daß beim Schüsseltreiben alte Jägerlieder gesungen und gespielt werden und nicht etwa moderne Schlager, dürfte eine Selbstverständlichkeit sein für Jäger, denen jagdliches Brauchtum mehr ist als eine hohle Phrase.

Waidgerechtigkeit und verschiedene Jagdgebräuche

Das ist des Jägers Ehrenschild,
daß er beschützt und hegt sein Wild,
waidmännisch jagt, wie sich's gehört,
den Schöpfer im Geschöpfe ehrt.

Waidgerecht jagen heißt anständig jagen! Anständigkeit ist ein Ausdruck der Gesinnung, der Einstellung. Man ist ein anständiger Jäger oder ist es nicht! Alle Kenntnisse und Fähigkeiten können eine mangelhafte Einstellung nur übertünchen, nie beseitigen. Waidgerecht jagen heißt Achtung haben vor Gottes Geschöpfen und der Natur, zu allem, was draußen kreucht und fleucht, heißt Mitgefühl zu haben mit der Kreatur.

Aber waidgerecht sein verlangt auch, Kenntnisse zu besitzen. Man muß über die Lebensweise des Wildes genausogut Bescheid wissen wie über Ökologie und Wildbrethygiene – um nur einiges zu nennen. Man muß einen möglichst guten Hund führen können und ein guter Schütze sein, und – man muß das jagdliche Brauchtum kennen, schätzen und beachten.

Waidgerechtes Jagen heißt mehr Wert auf das Wie als auf das Was zu legen, heißt das Beglückende der Jagd höher zu schätzen als den Schuß.

Waidgerecht jagen heißt – ein guter Jäger und Heger zu sein in des Wortes tiefster Bedeutung!

Die Verpflichtung des Jägers, waidgerecht zu jagen, ist uralt. HADAMAR VON LABER schrieb schon 1340 „Swer jagt gerechtiglichen – den soll man Guotes wisen." Heute ist die Verpflichtung für uns Gesetz, denn in allen Jagdgesetzen der Länder wird dem deutschen Jäger zur Pflicht gemacht, „nach den allgemein anerkannten Grundsätzen deutscher Waidgerechtigkeit" die Jagd auszuüben.

Dieser öffentliche Auftrag für den Jäger hat die Kommentatoren der Gesetze seit langem beschäftigt. 1979 hat der zwischenzeitlich verstorbene Professor KURT LINDNER eine aus der Historie entwickelte Definition veröffentlicht, in der er als *„waidgerecht – eine durch ethisches Pflichtgebot bestimmte Verhaltensweise des Jägers gegenüber einem als Wild bezeichneten Tier, gegenüber den jagdverbundenen Mitmenschen und gegenüber der Umwelt"* bezeichnet. Auf das

Brauchtum bezogen „sind die Vorstellungen von gerecht und nicht gerecht im Laufe der Geschichte dem Wandel unterworfen gewesen und werden es auch zukünftig bleiben, aber niemand enthebt uns Menschen der Pflicht, sie immer wieder mit neuem Inhalt zu erfüllen ...“

Da nicht alles, was dem Brauchtum zuzuzählen ist, ein Kriterium für das Prädikat waidgerecht sein kann, wird man von Fall zu Fall abwägen müssen, ob ein Verstoß gegen die Waidgerechtigkeit vorliegt.

Brauchtumsvorstellungen, die zwischen *ethischer und sittlicher* Jagdauffassung unterscheiden (Champenois, Schulze u. a.), sind Wandlungen der Auffassungen im Zeitgeschehen unterworfen. Die Ansicht, daß der zünftige Jäger es für *sittlich* hält, nicht auf einen laufenden Fasan oder einen Hasen in der Sasse zu schießen, sondern nur in der Bewegung, um dem Wild die Chance des Entkommens zu gewähren, könnte *ethisch* verworfen werden und auch tierschutzrechtlich nicht mehr haltbar sein. Mit der ökologischen und öffentlichrechtlichen Aufgabe des Jägers ist mithin ein großer Respekt vor den Pflichtgeboten dem Wild gegenüber verbunden.

Mit allgemeinen Erwägungen – wenn sie auch einen Rahmen zu geben vermögen – kommt man in der Praxis jedoch nicht aus. Deshalb sollen nachfolgend einige Beispiele angeführt werden, die teils auch schon durch Gesetze fixiert sind.

Man schießt kein Wild an der Fütterung! Dafür gibt es nur bei schwerkrankem Wild eine Entschuldigung oder Begründung! Für den gerechten Jäger ist es gleichgültig, ob Notzeit herrscht oder nicht: Wer Wild am Futterplatz schießt, handelt in jedem Falle unwaidmännisch, er hat den Begriff waidgerechtes Jagen nicht erfaßt und den tiefen Reiz des Waidwerks nicht verspürt. Man schießt auch kein Wild, wenn der Schnee einen Meter hoch liegt und grimmige Kälte und Hunger das Wild alle Vorsicht vergessen lassen. Man schießt auch keinen Hirsch oder Rehbock im Bast – nur bei erkrankten oder aus anderen Gründen dringend abschußnotwendigen Stücken ist eine Ausnahme zulässig. Hat man ein Stück krankgeschossen, so hat man die Pflicht und Schuldigkeit, mit allen zur Verfügung stehenden Mitteln die Nachsuche durchzuführen. Die Anwesenheit ist selbstverständlich. Bevor das Ergebnis der Nachsuche nicht vorliegt, schießt man nicht auf ein weiteres Stück. Drückjagden auf Wild mögen Ausnahmen bedingen. Die moralische Pflicht, krankes Wild unter allen Umständen zur Strecke zu bringen, fordert die Haltung eines guten Hundes. Zumindest muß ein solcher Vierläufer jederzeit zur Verfügung stehen. Wer einen Hund führt, hat auch für ihn zu sorgen. Erst kommt das Tier und dann der Mensch. Der Mensch kann sich mit seiner Sprache melden, wenn er Hunger und Durst hat, wenn er Schmerzen verspürt. Das Tier dagegen ist stumm. Der Jäger, der beim Schüsseltreiben erst an sich und nicht an seinen Hund denkt, ist nicht wert, daß er einen Hund besitzt.

Es ist unwaidmännisch, auf zu weite Entfernungen auf Wild zu schießen. Zahlen anzugeben ist bei der unterschiedlichen Leistungsfähigkeit der heutigen Gewehre nicht möglich; man wird im Hochgebirge weiter schießen müssen und können als in der Ebene. Grundsatz muß sein, daß man nur so weit schießt, wie mit größter Wahrscheinlichkeit eine gute Treffsicherheit und Wirkung angenommen werden kann. Es verletzt den Brauch, im Kesseltreiben auf zu weite Entfernung in den Kessel zu schießen – nach dem Motto: „Vielleicht langt es noch gerade, und wenn der Hase auch nur angeschossen wird, so kommt er ja doch mal vor die Schützen." Man beschießt auch kein Stück, welches den Nachbarn anläuft. Schußneid ist eine der übelsten, leider aber häufigen menschlichen Eigenschaften. Völlig unzulässig ist es, beim Kesseltreiben einen sogenannten Sack zu bilden. Derartige Jäger lade man nicht wieder zur Jagd ein, das ist die beste Erziehung. Eine Gesellschaftsjagd ist auch nicht dazu da, um seine Hunde auszubilden. Ein gut abgeführter Hund, der ein guter Verlorenbringer ist, wird auf jeder Treibjagd gern gesehen. Weder der Jagdherr noch die Jagdgäste sind jedoch erbaut davon, wenn ausgerechnet auf einer Gesellschaftsjagd unfertige Hunde das Hasenapportieren lernen sollen. Eine Rücksichtslosigkeit den Standnachbarn gegenüber ist es, Hunde mitzubringen, die bissig sind oder auf dem Stand nicht ruhig liegen!

Es ist unwaidmännisch, die Jagdgrenze mit Kanzeln oder Erdlöchern zu bespicken, um auf Wild, welches über die Grenze kommt, zu schießen. Das jagdnachbarliche Verhältnis wird dadurch nicht besser!

Die Hegepflicht und die nichtjagende Öffentlichkeit

Es gehört zu den Pflichten des Waidmanns, sein Wild zu hegen und in Notzeiten zu füttern und es nicht unnötig zu stören. Der Mensch ist dem Wild widerlich, er ist sein Todfeind. Das Wild wird häufig von panischer Angst ergriffen, wenn es die gefürchtete menschliche Witterung windet. Man störe daher sein Wild so wenig wie möglich und bleibe aus den Einständen fort. Man muß „seine" Hirsche nicht jeden Tag sehen wollen!

Ansitzeinrichtungen – links integriert, rechts als Störfaktor in der Landschaft.

In der heutigen Zeit ist es mehr denn je notwendig, auch in der Öffentlichkeit als der „Anwalt des Wildes" aufzutreten. Sei es über die Medien oder sei es in vielen Einzelgesprächen – der Jäger muß sich bemühen, auch uneigennützig für die Belange des Wildes einzutreten, um so öffentliche Anerkennung zu finden. Fehlverhalten einzelner werden in der heutigen Medienlandschaft gern verallgemeinert und schlagen auf alle Jäger zurück.

So sollte es eine Selbstverständlichkeit sein, daß man z. B. bei der Bauart der jagdlichen Einrichtungen wie Kanzeln und Hochsitze im Revier generell darauf achtet, daß diese in die Landschaft passen und sie nicht verschandeln: Je weniger Jagdeinrichtungen im Gelände auffallen, desto mehr Verständnis kann man in der Öffentlichkeit für derartige für die Jagd notwendigen Bauwerke erwarten.

Wem gehört das beschossene Stück Wild?

Nach altem Brauch erhält derjenige Schütze das Stück Wild zugesprochen, der beim *Kugelschuß* den ersten Schuß und beim Schrotschuß den letzten darauf abgegeben hat. Es gibt aber Grenzfälle, und es ist nicht immer leicht für den Jagdleiter, zu entscheiden, wer als Erleger anzusprechen ist. Beim Niederwild wird das meistens keine große Rolle spielen, wohl aber bei einem Stück Schalenwild, ganz besonders, wenn es sich um einen Hirsch oder um einen starken Keiler handelt. Grundsatz für die Entscheidung muß sein: Derjenige gilt als Erleger, der dem Stück die erste Kugel so angetragen hat, daß das Stück mit einem Schweißhund, bei Rehwild mit einem anderen Gebrauchshund zur Strecke gekommen wäre. Zu diesen Schüssen gehören also auch Laufschüsse, sofern der Knochen verletzt war, nicht jedoch leichte Streifschüsse, die in Kürze wieder ausgeheilt wären und die auch nicht ausgereicht hätten, um das Stück mit gutem Hund zur Strecke zu bringen. Ein Stück mit Laufschuß, bei dem der Knochen verletzt ist, muß dagegen mit einem guten Schweißhund immer zur Strecke kommen. Es gibt hervorragende Schweißhundführer, die viele Stücke Rotwild, darunter zahlreiche Brunfthirsche, mit Laufschüssen zur Strecke gebracht haben, vielleicht auch einmal einen erst nach dreitägiger Nachsuche; aber auch in diesem Fall gehört das Geweih dem ersten Schützen. Dabei war es gleichgültig, wo und wie die Kugeln anderer Schützen, die nach dem ersten Schuß auf das Stück geschossen hatten, saßen.

Beim Schrotschuß gilt derjenige als Erleger, der den letzten tödlichen Schuß abgegeben hat. Dazu gehört aber nicht der Fangschuß. Beispiel: Wenn ein Nachbar einen Fuchs oder Hasen schwer krankgeschossen hat, und man gibt dem Wild, um seine Leiden abzukürzen, den Fangschuß – der Nachbar ist dazu vielleicht nicht in der Lage, weil er das Stück nicht mehr sehen kann –, dann gehört das Stück selbstverständlich dem Nachbarn und nicht dem Letztschießenden. Schießt dagegen mein Nachbar ein Stück krank, und dieses kommt noch so flüchtig, so daß es ohne weiteren Schuß voraussichtlich entkommen würde, so gilt der letzte tötende.

In Zweifelsfällen, die vorkommen können, entscheidet der Jagdleiter. Sein Urteil ist endgültig; dagegen Einspruch zu erheben ist ungehörig und stört die Harmonie auf der Jagd!

Verhalten am erlegten Wild

Man tritt nicht über ein erlegtes Stück oder gar über die Strecke herüber; wer sich einen solchen Verstoß zuschulden kommen läßt, wird zum Fall für das Jagdgericht. Völlig unpassend ist es auch, wenn man sich auf ein gestrecktes Stück Wild setzt. Läßt man sich in dieser Stellung noch fotografieren, so weiß der gerechte Jäger sofort, was er von diesem Jünger Huberti zu halten hat. Will man einen Hirsch oder Rehbock, oder was es auch sei, im Bild festhalten, so sei man sich darüber klar, daß doch in erster Linie das Wild fotografiert werden soll. Man halte sich daher im Hintergrund, vor allem setze man sich nicht auf ein Stück oder trete etwa in Siegerpose mit einem Fuß darauf.

Jagdausrüstung

Der Anzug des Jägers sollte zweckmäßig und schlicht sein. Man geht nicht wie ein Gigerl gekleidet auf die Jagd, andererseits ist das Schäbigkeitsprinzip auch nicht das richtige. Wie überall im Leben liegt auch hier die Wahrheit in der Mitte. Bei Treibern ist die signalrote Warnkleidung inzwischen obligatorisch. Bei den Jägern setzt sich das Signalrot zumindest als Hutband auf Gesellschaftsjagden vernünftigerweise aus Sicherheitsgründen immer mehr durch. Den Jagderfolg beeinflußt es nicht! Büchse und Flinte seien stets sauber und gepflegt, viel Verzierungen aus Silber und blinkenden Metallen schätzt der zünftige Jäger nicht.

Über die Kaliberfrage sich zu äußern gehört nicht unmittelbar zum Brauchtum. Grundsatz muß sein, daß die geführte Büchse und die gewählte Schrotstärke dem Wild entsprechen, auf das geschossen werden soll. Man schießt nicht auf den Brunfthirsch mit einer Tellbüchse – was ohnehin verboten ist – und nicht auf Gänse mit Schrot Nr. 7.

Andere Bräuche

Zahlreiche einzelne Bräuche und Sitten sind aus allen Gegenden Deutschlands bekanntgeworden. Derartige Bräuche sollten, als für die betreffende Landschaft eigentümlich, bestehenbleiben und weiter gepflegt werden. Dagegen besteht keine Veranlassung, sie allgemein einzuführen. Einige seien hier erwähnt. In der Eifel ist es vielfach üblich, dem Erleger von Schwarzwild außer dem Bruch auch den Pürzel der geschossenen Sau zu überreichen, der mit dem Bruch zusammen an den Hut gesteckt und zu Hause präpariert und aufbewahrt wird. Handelt es sich um einen Keiler, so findet der Pürzel hinter dem aufgesetzten Gewaff an der Wand seinen Platz. Vielfach ist es Brauch, dem Jungjäger, der seinen ersten Hasen geschossen hat, die Blume als Trophäe an den Hut zu stecken. In vielen Gegenden Deutschlands wird dem Erleger einer Schnepfe dieselbe stets geschenkt. In Westfalen wird das auch wohl mit dem Fuchs so gemacht. Wer auf einer Treibjagd einen Fuchs schießt, erhält diesen vom Jagdherrn dediziert. Für die erste erlegte Schnepfe im Frühjahr gab es in alten Zeiten einen Schnepfenpfennig, oder es wurde eine sogenannte Schnepfennadel, die als Schlipsnadel verwandt werden konnte, dem Schützen von jagdlichen Verbänden verliehen. Ein Brauch, der leicht dazu führte, überwinternde Lagerschnepfen zu schießen, und der daher abzulehnen

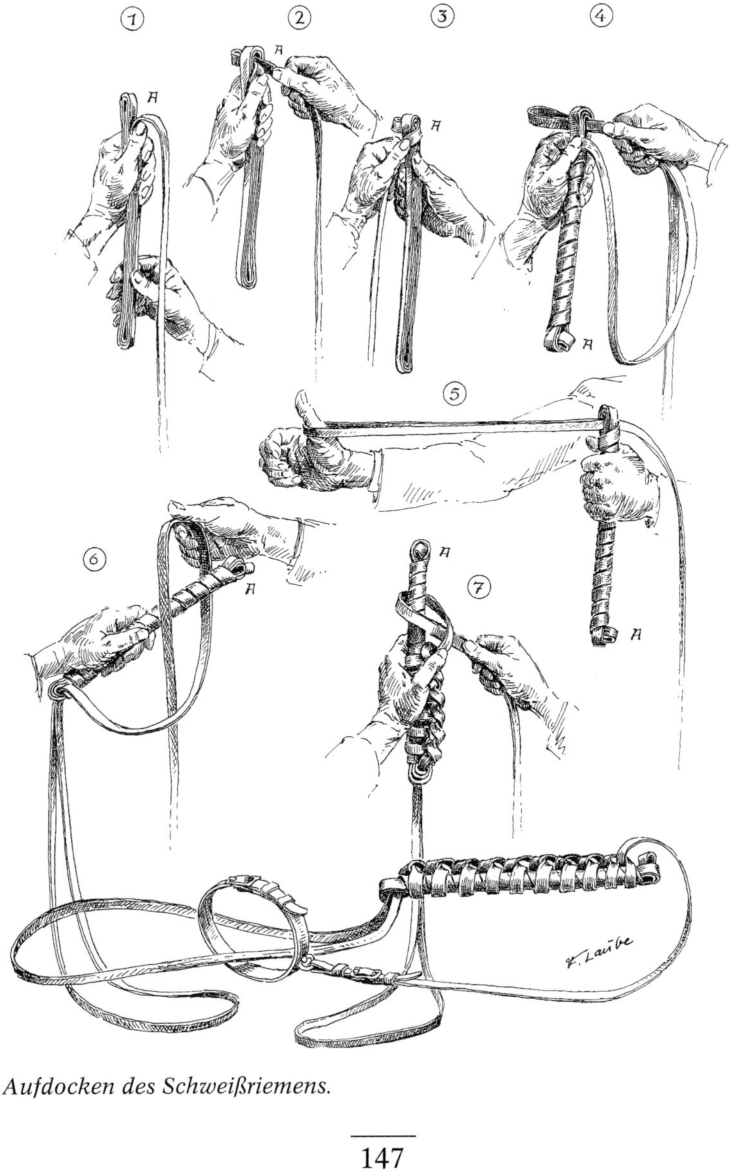

Aufdocken des Schweißriemens.

war. Im Gebirge nagelt man häufig die Schädel vom Raubwild, insbesondere von Dachs und Fuchs, an die Jagdhütten. Böse Geister sollten dadurch ferngehalten werden.

Geht man auf die Jagd, und der Hund muß sich lösen, so bleibt man stehen, nimmt den Hut ab und wartet den Ablauf dieses wichtigen Vorgangs ab – es bedeutet ein gutes Vorzeichen. Auf den großen Treibjagden in Schlesien und auch sonst im Osten Deutschlands führte der Jagdherr kein Gewehr, sondern den Spazierstock. Auch die Jagdangestellten durften nicht mitschießen. Bei großen Kesseljagden oder Böhmischen Streifen leitete der Jagdherr die Jagd häufig vom Pferde aus. Diese selbstlose Fürsorge für seine Gäste ist eine Art der Gastfreundschaft, die vorbildlich ist. Auf den kleineren Jagden schießt der Jagdherr im allgemeinen mit. Er sorgt aber dafür, daß die besten Stände selbstverständlich seine Gäste erhalten. Nichts ist peinlicher, als wenn der Jagdherr selbst auf seinen Jagden am meisten schießt. Wer es gesundheitlich vermag, der stelle seine Gäste auf einer Treibjagd selbst an, jedenfalls die eine Hälfte, und bemühe sich, weniger Wild zu schießen, als vielmehr die Jagd tadellos zu leiten.

Die alten *Jägerfarben* sind Grün-Weiß-Schwarz, es „sind die schönsten Farben drey“, wie es in dem alten „Weydspruch“ heißt. Diese traditionellen Farben finden wir heute noch manchmal in der Uniform der Forstbeamten wieder: grüner Rock, weißes Hemd und schwarzer Schlips. Die alten Farben der Uniformstoffe für die Jägerei waren bis heute grün und grau. Diese Farben wurden schon durch Verordnungen des Mittelalters der Jägerei vorbehalten und geschützt. Sie durften von keinem „Unehrlichen“ getragen werden.

Zum alten Brauchtum gehört auch das *Auf- und Abdocken des Schweißriemens.* Der Sinn des Auf- und Abdockens ist ursprünglich der, den Riemen beliebig verlängern und verkürzen zu können, ohne den Hund vom Riemen lösen zu müssen. Eine Beschreibung dürfte sich erübrigen, da das Aufdocken in der Fachliteratur häufig eingehend behandelt ist.

Ein schöner Brauch ist auch die Führung eines *Schußbuches.* Ein regelmäßig geführtes Schußbuch, z. B. Schuß- und Jagdtagebuch „Waidmannsheil“, Verlag Paul Parey, Hamburg, ist im Alter eine Fundgrube froher und ernster jagdlicher Erinnerungen. Diese Aufzeichnungen können aber auch als eine statistische Grundlage für die jagdliche Forschung dienen.

Am 3. November, dem Tag des Schutzheiligen der Jagd, Hubertus, hält es keinen rechten Jäger in seinen vier Wänden. Überall in Deutschland werden an diesem Tag Jagden abgehalten, die mit besonders festlichen Schüsseltreiben enden. Andere machen einen stillen Gang durch ihr Revier. Die Hubertusjagden waren noch am Sitz forstlicher Ausbildungsstätten kleine Volksfeste, die mit Hörnerblasen in aller Frühe begannen und mit Fackelzug, öffentlichen Ansprachen, Jagdkommers und Jagdgericht ihr fröhliches Ende fanden.

Beute und Jagdschmuck

Vom Birkhahn die Feder,
Vom Hirsch das Geweih,
Vom Gamsbock die Krucken,
vom Dirndl die Treu'.

Wer ein Stück Wild schießt, hat auch die Verpflichtung, die Trophäe würdig zu behandeln. Ein schlecht abgeschlagener Schädel, an dem noch Hautreste sitzen und in dem sich Rückstände beim Abkochen niedergeschlagen haben, ist ein dauernder Vorwurf für den Erleger und ein Zeichen seiner handwerklichen Unfähigkeit. Wer so ungeschickt ist, daß er diese einfachen Arbeiten nicht selbst verrichten kann, wende das Geld auf und lasse sich von einem erfahrenen Präparator seine Trophäe sauber herrichten. Es würde über den Rahmen dieses Buches hinausgehen, wenn man die Behandlung jeder Trophäe schildern müßte. Es gibt hierüber sehr gute Schriften. Es ist jedoch schlimm, wieviel schlecht abgekochte Schädel auf Trophäenausstellungen zu sehen sind, so daß hier ein erprobtes Rezept für das Abkochen der Schädel erläutert werden soll:

Zunächst empfiehlt es sich, die Decke vor dem Abschlagen vom Haupt zu trennen, da das Abschlagen dann leichter geht. Ob man kurz oder mit langem Schädel abschlägt, ist Geschmacksache. Grundsatz: Lieber etwas zuviel daranlassen als zu wenig, zu viel kann man immer noch absägen oder abschleifen, zu wenig nicht wieder daranflicken. Man nehme vom Wild mit Kopfschmuck das gesamte Haupt. Der Schädel wird nun – also ohne Decke – in einen Behälter mit kaltem Wasser gelegt, das öfter gewechselt werden soll. Am besten ist es, wenn man einen Schlauch in den Bottich führt und langsam ständig Wasser nachlaufen läßt, so daß der Schädel also praktisch in fließendem Wasser liegt. Vierundzwanzig Stunden ist Minimum, besser sind zwei Tage, drei Tage schaden nicht. Dann kommt der Schädel in einen Topf, so daß das Wasser gerade bis an die Rosen reicht. Man setzt das Wasser mit dem Schädel kalt auf den Herd und lasse Soda, Persil u. ä. Zusätze aus dem Wasser heraus. Es ist überflüssig, man läuft nur Gefahr, daß beim starken Kochen die Rosen weiß werden. Man kocht ein Rehgehörn nicht länger als dreißig Minuten, einen Hirsch nicht länger als eine Stunde. Haben die Schädel vorher sehr lange in kaltem Wasser gelegen, geht's noch kürzer. Bei längerem Kochen lösen sich allerdings die Sehnen und Hautteile leichter ab, aber man hat auch die

Verbindungsknorpel zwischen den einzelnen Knochenteilen des Schädels weichgekocht, so daß der Schädel nachher sehr leicht auseinanderfällt; vor allem das Nasenbein ist in dieser Beziehung sehr empfindlich. Nun nimmt man das Gehörn usw. aus dem kochenden Wasser und stellt es *sofort* in einen daneben gestellten Bottich mit kaltem Wasser. Hier bleibt es bis zur völligen Abkühlung, also etwa beim Rehbock eine viertel, beim Hirsch eine halbe Stunde. Ist das Geweih oder Gehörn nämlich noch im Innern heiß, trocknet die Wärme von innen heraus den Knochen, und Fettreste und schmutziges Kochwasser sitzen in den Poren, und nur mit langwierigen Prozeduren ist ein so verdorbener Schädel wirklich weiß zu bekommen. Nach dem völligen Abkühlen wird der Schädel mit einem Messer sauber gemacht und schließlich mit einer Wurzelbürste und Kernseife von allen Hautresten und Fetteilchen befreit. Alsdann läßt man ihn in der Sonne trocknen. Nach dem Trocknen kann man den Schädel mit feinem Glaspapier abschleifen, zunächst mit etwas gröberer und zuletzt mit der feinsten Sorte. Um an die Rosenstöcke richtig heranzukommen, schneidet man das Glaspapier in feine Streifen. Endlich wird der Schädel mit Wasserstoffsuperoxyd oder noch besser mit Perhydrol (d. i. 30%iges Wasserstoffsuperoxyd) eingerieben und zum Nachbleichen in die Sonne oder auch nur ins Tageslicht gestellt. Will man die bleichende Wirkung des Wasserstoffsuperoxyds noch erhöhen, legt man auf den Schädel eine dünne Schicht Watte, die jedoch nicht die Rosen berühren darf, und tränkt diese Watte mit Wasserstoffsuperoxyd. Besonders schnell und wirksam ist die Methode, bei der der abgekochte Schädel im erhitzten Wasserstoffsuperoxyd kurz gebrüht wird. Nach dem Trocknen ist der Schädel schneeweiß. Nachdem der Schädel völlig getrocknet ist, kann man ihn noch mit einer Mischung von Spiritus und Schlämmkreide bürsten. Er erhält hierdurch einen matt elfenbeinfarbenen Glanz. Schädel, die lange in geheizten Räumen, in denen geraucht wird, gehangen haben, bekommen eine gelbbraune Farbe. Man bekommt derartige Schädel wieder weiß durch Bestreichen mit Perhydrol und längeres Bleichen in der Sonne.

Wie man den Schädel aufsetzen läßt oder selbst aufsetzt, bleibt dem Schönheitsempfinden des einzelnen überlassen. Es wirkt jedoch lächerlich, wenn man geringe Trophäen auf riesige reich geschnitzte Eichenplatten aufsetzt, deren Dimensionen und Ausschmückung in gar keinem Verhältnis zu den Trophäen stehen.

Will man den Bruch aufbewahren, um ihn hinter die an der Wand hängende Trophäe zu stecken, was vielfach Brauch ist, so stecke man den Bruch vorher in einen Topf oder Kasten, die Blattspitze nach unten, und schütte allmählich heißen Sand darauf, bis er völlig bedeckt ist. Nachdem der Bruch einen Tag lang gestanden hat, gießt man den Sand vorsichtig aus, und der Bruch behält nunmehr seine Farbe und vergilbt nicht so leicht.

Die Aufbewahrung der Keilerwaffen macht vielfach Schwierigkeiten, weil sowohl Gewehre als auch Haderer leicht aufplatzen. Es hat sich als zweckmäßig erwiesen, das Gewaff nicht abzukochen, sondern aus dem Kiefer herauszumeißeln und dann nach dem Trocknen mit flüssigem Kunststoffwachs oder Paraffin auszugießen, auch ein leichtes äußeres Einfetten ist von Zeit zu Zeit zu empfehlen.

Flugwild, insbesondere der Große und Kleine Hahn, wird meistens ausgestopft. Wir haben heute vorzügliche Dermoplastiker, die ausgezeichnete Arbeit liefern. Aber man sei sich darüber klar, daß ein gut ausgestopfter Hahn viel Geld kostet. Man soll sein Jagdzimmer jedoch nicht in ein Museum für Vogelkunde verwandeln – hier gilt: de gustibus non est disputandum!

Jagdschmuck

Seit den ältesten Zeiten haben Jagdtrophäen dem Menschen als Schmuck gedient: Von der Halskette des Steinzeitmenschen aus Eberzähnen bis zur goldenen Hirschgrandelnadel. Es entspricht jagdlichem Brauchtum, nichts zu tragen, was man nicht selbst erbeutet hat, man schmückt sich nicht mit fremden Federn, ebensowenig wie man Geweihe und Gehörne an die Wand hängt, deren Träger man nicht selbst erlegt hat. In dieser Beziehung erlebt man die kuriosesten Dinge. Untersuchen Sie bitte einmal bei einer Jägerversammlung die Hüte der Teilnehmer, und Sie werden feststellen, daß über die Hälfte künstlich gefärbte Haare, die einen Dachsbart oder Gamsbart vorstellen sollen, oder sonst einen fertiggekauften rasierpinselähnlichen Gegenstand am Hut tragen. An den Hüten vieler Jäger findet man Saubärte, die mit Wasserstoffsuperoxyd angereift sind. Das ist eine Geschmacklosigkeit und sollte nicht vorkommen. Wer keine Gelegenheit hat, Bartgams, Brunfthirsch oder Sau zu schießen, der begnüge sich mit Erpelfedern, einem Schnepfenstoß, der übrigens ausgezeichnet wirkt, oder Rebhuhnfedern, und wer nur Hasen zu schießen Gelegenheit hat, der sammle sich die Schnurrbarthaare der erlegten Hasen, und er erhält einen Bart, der gut aussieht und unbegrenzte Haltbarkeit hat. Aber selbsterlegt sollte das Wild sein, dessen Trophäe der Jäger am Hut trägt! Für die Forstbeamten und Berufsjäger gilt natürlich auch hier, was die Dienstkleidungsvorschrift verlangt. Sehr hübscher Hutschmuck läßt sich aus Malerfedern und Schnepfenbart herstellen. Der Schnepfenbart ist ein kleiner Haarbüschel, der auf der Fettdrüse der Schnepfe sitzt und der mit den Malerfedern zusammen zu geschmackvollen Hutagraffen verarbeitet werden kann. Ein repräsentativer Hutschmuck ist ein selbsterbeuteter guter Gamsbart mit schönem Reif. Die Gamsbärte müssen jedoch sehr sorgfältig behandelt werden, wenn sie nicht unansehnlich werden sollen.

Die Grandeln oder Haken des Rotwildes werden wohl am häufigsten zu Jagdschmuck verarbeitet. Vom Manschettenknopf bis zur Anstecknadel und Hutagraffe, vom Westenknopf bis zum Fingerring. Gelegentlich sieht man Jäger, die an der Uhrkette eine Vielzahl von gefaßten Grandeln herumschleppen. Eine derartig aufdringliche Anhäufung von Schmuck wirkt unschön. Außerdem kann man auf diese Weise die Grandeln leicht verlieren. Ein Nachteil bei allem Grandelschmuck ist der Umstand, daß die Grandeln bei häufigem Tragen bleichen und schließlich fast weiß werden. Ihr Wert und ihre Schönheit besteht aber vor allem in der braunen dunklen Farbe. Man kann durch Erhitzen über einer Flamme die Haken wieder nachdunkeln, aber der Kenner sieht das sofort. Vor allem muß man den Schmuck, wenn man ihn nicht trägt, im Dunkeln, also in einer Schachtel aufbewahren, da allein das Licht an dem Bleichwerden schuld ist. Auch Fuchs- und Marderfänge werden zu mehr oder weniger geschmackvollem Schmuck verarbeitet. Eine sehr schöne Schmucknadel, für eine Dame geeignet, kann man aus den orange-braunen Schneidezähnen des Murmeltieres, den „Nagern", herstellen.

Waldtreibjagd, Riegeljagd und Kesseltreiben

Die Art und Weise, wie wir heute im deutschsprachigen Raum jagen, wird durch das sich fortentwickelnde Brauchtum richtunggebend geprägt.

Hinsichtlich der Beschreibung der zahlreichen Jagdarten der Einzeljagd und der Jagd in der Gemeinschaft wird auf die einschlägige Literatur verwiesen (z. B. „Jagdbetriebslehre“ von H. Behnke und „Jagdarten auf Hoch- und Niederwild“ von J. Menzel/J. Schulte)

In diesem Buch sollen nur exemplarisch die Waldtreibjagd, Riegeljagd, das Vorstehtreiben sowie das Kesseltreiben dargestellt werden.

Allgemeines

Nach den Unfallverhütungsvorschriften der Berufsgenossenschaft ist zwingend vorgeschrieben, für Gesellschaftsjagden einen Jagdleiter zu bestimmen. Die Begriffe Jagdleiter und Jagdherr sind früher nicht immer eindeutig getrennt worden. Heute verstehen wir unter

Jagdherr — die Person oder Personengemeinschaft, die Eigentümer, Besitzer oder Pächter eines Jagdreviers ist und in diesem Bezirk für das Jagdausübungsrecht zuständig ist,

Jagdleiter — die Person, die vom Jagdherrn für die Durchführung von Gesellschaftsjagden und Einzeljagden bestimmt worden ist. Die Leitung einer Jagd oder von Teilen derselben kann auch auf andere Personen delegiert werden.
Der Jagdherr kann sich auch selbst zum Jagdleiter erklären.

In den letzten 20 Jahren haben sich die jagdlichen Bräuche und Gepflogenheiten zu einem sehr strengen Ritual entwickelt, weil der Jagdleiter nach der Rechtsprechung als mitverantwortlich gilt und bei eventuellen Unfällen haftpflichtig werden kann. Deshalb gelten für Gesellschaftsjagden, d. h. Jagden in Gemeinschaft von vier und mehr Personen, folgende Regeln und Hinweise:

1. Einladung
- Ort, Datum, Treffpunkt und Beginn der Jagd (Begrüßung, Uhrzeit,
- Art der Jagd, auf welche Wildarten gejagt wird (ggf. Empfehlung über Büchsenkaliber und Patronen),
- Zeit und Ort der Beendigung der Jagd (wo Strecke gelegt wird),
- Angaben über Ort und Zeit der Mittagspause: Frühstück aus dem Rucksack oder Frühstück (Suppe wird gereicht, o. a.),
- Angaben über Schüsseltreiben (Ort, Einladung, Aufforderung, Anzug, Telefonnummer),
- Hinweis auf die Sicherheitsvorschriften mit der Bitte, ggf. Signal-Hutbänder mitzunehmen.
- Jeder Teilnehmer als Schütze hat seinen *gültigen Jagdschein dem Jagdleiter unaufgefordert vorzuzeigen.*
- Um Antwort wird gebeten (u. A. w. g.) bis...

2. Vorbereitung
- Auswahl der Treiben im Revier,
- Festlegung der Stände für die Schützen mit Anbringung des Standplatzbruches (ggf. Numerierung),
- Bestimmen, wer die Schützen wie zum Stand bringt,
- der Führende muß auf jeden Fall vor der Jagd persönlich die Stände angesehen haben und an Ort und Stelle gewesen sein,
- Anordung, wer die Treiber anstellt und führt,
- Signalwesten für die Treiber bereitstellen,
- Anordnung, auf welche Weise Hunde eingesetzt werden sollen,
- Beachtung einschlägiger Gesetze,
- Abschluß von Versicherungen für Transportfahrzeuge (Schlepper mit Hänger u. a.).

3. Durchführung
Es ist ein schöner Brauch, bei der Versammlung der Jäger am Treffpunkt (vielleicht auch an kalten Tagen an einem Feuer) von dem Bläsercorps zwei oder drei Gruppen in einer Entfernung von 100–200 m vom Sammelplatz geeignete Signale als „Echoblasen" zu Gehör zu bringen, um die Jagdgesellschaft bereits in eine jagdliche Stimmung zu versetzen.

Nach dem Signal der „Begrüßung", das pünktlich zur festgesetzten Zeit erklingen sollte, begrüßt der Jagdherr die Gäste und alle Teilnehmer und erteilt das Wort dem Jagdleiter, wenn er nicht persönlich als Jagdleiter fungiert. Der Jagdleiter gibt folgendes bekannt:

„Wir jagen heute auf..." mit klarer Anweisung, was geschossen werden darf. Man hört gelegentlich auch die Regel: „Alles, was das Gesetz erlaubt, außer...", besser und eindeutiger ist jedoch, wenn jede einzelne Wildart genannt wird; dazu ist hervorzuheben, was z. B. auf keinen Fall geschossen werden darf.

Der Hinweis, inwieweit auf krankes Wild geschossen werden muß, ist zu bedenken. Dann sollte der Ablauf der Jagd genau geklärt werden: Wie viele Treiben und sonstige organisatorische Angaben, wer anstellt u. a. Es hat sich bewährt, auf einer großen Tafel ein „Kroki" zu zeichnen, um den Jagdteilnehmern den Ablauf der Jagd (z. B. auch bei Kesseltreiben) im Grundriß besser erklären zu können (siehe dazu auch Hinweise aus → 2. Vorbereitung).

Bei der Verteilung der Stände kann man eine Auslosung vornehmen, die mit humorvoll gezeichneten Losen – z. B. im Stil der Geilfus-Zeichnungen – gefertigt werden können.

Der Jagdleiter darf nicht vergessen, sich zu vergewissern oder vergewissern zu lassen, daß jeder Schütze im Besitz eines gültigen und selbst unterschriebenen Jagdscheines ist. Hat ein Schütze seinen Jagdschein nicht bei sich, kann er sich als Treiber einreihen lassen – eine solche Regelung ist ein durchaus nützlicher Auftrag.

Der Jagdleiter ist außerdem verpflichtet, auf die Sicherheitsvorschriften zu verweisen, die sich auf der Rückseite der Jagdscheine verzeichnet finden. Es muß auch erwähnt werden, daß nach dem Signal „Abblasen" (Hahn in Ruh') sofort zu entladen ist. Wichtig ist auch der Hinweis über den Schuß in das Treiben hinein. Der Jagdleiter muß (gem. Punkt 6 auf der Rückseite des Jagdscheins) den Schuß mit der Kugel in das Treiben hinein ausdrücklich erlauben oder versagen bzw. für besondere Fälle im einzelnen bestimmen.

Nachdem alle Erfordernisse der Sicherheit und der Organisation erschöpfend erklärt worden sind (sie sollten natürlich kurz und prägnant erläutert werden), wünscht der Jagdleiter „Waidmannsheil" und läßt „Aufbruch zur Jagd" blasen.

Waldtreibjagd

Die Jagdteilnehmer setzen sich entsprechend der erläuterten Einteilung (ggf. auch mit Kfz) in Bewegung. Es kommt darauf an, daß sich alle leise verhalten und Türenklappen, lautes Sprechen oder gar Rufen vermeiden („kein Palaver").

In der Regel stellt der Jagdleiter einen Teil der Schützen, ein anderer Jäger, der Revier und Jagdablauf genau kennt, die übrigen Schützen an. Es ist ein Zeichen guter Vorbereitung, wenn die Stände mit Standplatzbruch und Hauptbruch (vgl. S. 70) gekennzeichnet sind. Jeder Schütze sollte beiderseits mindestens 30 m Schußfeld haben. Bei engen Schneisen empfiehlt es sich, die Schützen anzuweisen, nur immer in eine (anzugebende) Seite zu schießen, wobei es sich dann bewährt hat, die Jäger Rücken an Rücken zu stellen. Bei Dickungstreiben stehen die Jäger hart mit dem Rücken am Treiben, bei Fasanentreiben einige Schritte abseits vom Treiben. Die Schützen laden ihre Gewehre und dürfen auf bereits angewechseltes Wild dann schießen, wenn dies vom Jagdleiter ausdrücklich erlaubt ist. Normalerweise ist der Schuß erst nach dem Beginn des Treibens erlaubt, was durch Zeitvorgabe oder Anblasen erfolgen kann.

Der Stand darf auf keinen Fall vor Ende des Treibens verlassen werden. Der Jagdleiter bläst an: „Das Ganze – langsam treiben!“ Bläst der Jagdleiter nicht selbst, so muß er einen guten Bläser bei sich behalten, sonst kann er die Jagd nicht richtig leiten. Das Signal wird von den Teilnehmern, die ein Horn führen, wiederholt. In dieser Stimmung ist es für alle Jäger stets ein erhebendes Gefühl, wenn dieses Hornsignal im Wechsel – auch von fern her – durch den Herbst- oder Winterwald schallt.

Es ist – auch aus Sicherheitsgründen – eine vernünftige Regel, daß sich die deutlich durch Signalwesten gekennzeichneten Treiber vor Beendigung des Treibens ausrichten, um dann in einer Linie die letzten 20 m auf Weg, Gestell oder Dickungsrand zu treten. Dann ertönt das Signal „Abblasen!“, das vor den Bläsern wiederholt wird. Alle Schützen sind verpflichtet, sofort zu entladen: Es darf also nicht mehr geschossen werden (!), und die Jagdgesellschaft geht dann in der Folge-Anweisung zum nächsten Treiben.

Krankgeschossenes Wild ist dem Jagdleiter unverzüglich anzuzeigen, damit er für die Nachsuche die erforderlichen Anweisungen treffen kann.

Die von den Schützen erlegten Hasen, Füchse usw. werden nach jedem Treiben zum Sammelplatz mitgenommen oder so (möglichst schon versorgt auf die rechte Seite) gelegt, daß der Wildwagen oder die Treiber sie gut aufnehmen können. Jeder Schütze hat sich selbst davon zu überzeugen, daß das von ihm geschossene Wild auch tatsächlich aufgenommen wird.

Um die Mittagszeit ist es üblich, eine Pause einzulegen, in der ein Frühstück eingenommen werden kann. Hierzu wird „Zum Essen!“

geblasen. Die rechtzeitige Auswahl eines geeigneten, geschützten Platzes ist Vorbedingung. Hier sollte ein kleines Feuer entzündet werden, um das sich die Jagdteilnehmer auf Baumstämmen, Sitzstöcken o. a. setzen können. Es hat sich bewährt, daß dieses Feuer so rechtzeitig entfacht wird, daß es bei Beginn des Frühstücks im wesentlichen nur aus Glut besteht, um störende Rauchentwicklung zu vermeiden.

Nach dem kurzen Frühstück gibt der Jagdleiter Anweisungen über Einteilung der Schützen und über den weiteren Ablauf der Jagd. Er gibt auch bekannt, was bisher erlegt worden ist, und übt ggf. Kritik an Organisationsfehlern und am Verhalten der Jagdteilnehmer.

Eine Waldtreibjagd sollte vor Einbruch der Dämmerung beendet werden. Dann erfordert es noch eine gewisse Zeit, auf einem sorgfältig vorbereiteten Platz die Strecke vorschriftsmäßig zu legen und sich dort zu versammeln, um hier brauchtumsgerecht die Jagd feierlich ausklingen zu lassen (siehe auch Seiten 123 ff.).

9 Gebote für Niederwild-Gesellschaftsjagden:

- nicht ohne Hund jagen,
- nicht mit Schrot über 35 m schießen,
- keine überlagerten Patronen verwenden,
- kein nicht freigegebenes Wild erlegen,
- dem Nachbarn kein Wild streitig machen,
- nicht mehr Schützen als Treiber einsetzen,
- Treiber sowie ggf. die Schützen deutlich durch Signalwesten bzw. Signalhutbänder zu kennzeichnen,
- während der Jagd keinen Alkohol trinken,
- nicht zögern, einen Gast nach Hause zu schicken, der gegen die Waidgerechtigkeit verstößt!

Riegeljagd (Ansitz-Drückjagd)

Die Tatsache, daß in den meisten Revieren der Abschuß nicht in der Einzeljagd erfüllt werden kann, macht Gemeinschaftsjagden, wie sie hier beschrieben worden sind, erforderlich. Freilich werden von Ort zu Ort die Waldtreibjagden verschieden gehandhabt: Mit nur 2–4 Schützen und wenig Treibern, die leise durch die Dickung gehen, als *Drückjagd* auf Sauen, Rotwild, Fuchs – oder mit größerem Aufwand mit vielen Schützen als „*Wildjagd*“[1], auch mit dem Bestreben, gesellschaftliche Verpflichtungen abzuleisten. In den letzten Jahren hat sich mehr und mehr bei verantwortungsbewußten Jägern das Gefühl erweitert, die Hege und Bejagung der Wildbestände als *Verpflichtung* gegenüber der Öffentlichkeit anzusehen, als in der Jagdausübung ausschließlich „edler, hoher Manneslust“ zu frönen.

Deshalb ist auch das Bedürfnis zu erkennen, eine Treibjagd im Wald auf Schalenwild in ihrer Vorbereitung, Organisation und Durchführung in der Weise zu verbessern, daß das Wild nicht hochflüchtig am Schützen „vorbeirast“. Ansitzjagden mit und ohne Beunruhigung des Wildes sind mancherorts üblich geworden. Im folgenden soll eine sogenannte Riegeljagd beschrieben werden, wie sie im Forstamt Saupark bei Springe auf Schwarzwild und Damwild mit bestem Erfolg praktiziert wird:

Die Jagdfläche des Sauparks von 1200 ha wird in zwei fast gleich große Treiben von je 600 ha eingeteilt. Das eine Treiben wird am Vormittag, das andere am Nachmittag bejagt. Innerhalb der Treiben werden zwei bis vier Bezirke gebildet, in denen „Riegelgruppen“ – jede für sich selbständig – das Riegeln des Wildes vornehmen. Die Riegelgruppen bestehen aus zwei bis drei Hundeführern, denen je ein Gehilfe beigegeben werden kann. Die Anzahl der Hundeführer und der Hunde sowie der Personen, die hier mitwirken, richtet sich nach den örtlichen Gegebenheiten, nach Größe der Dickungskomplexe sowie nach der Übersichtlichkeit des Geländes. Voraussetzung ist, daß der Führer der Riegelgruppe mit seinen Mitgliedern über genaue Ortskenntnis verfügt. Er bestimmt die Handlungsweise, insbesondere auch den Einsatz der Hunde. Prinzip der Riegelgruppenarbeit ist es, in drei Phasen eine Beunruhigung des Wildes in dem betreffenden Bezirk in der folgenden Weise zu erreichen:

Erste Phase: Ruhiges, fast lautloses Hindurchgehen, ohne einen Hund zu schnallen,

Zweite Phase: Zurückgehen, einen Hund (Finder) schnallen und, wenn notwendig, eine Koppel Hunde freigeben, wenn Sauen (oder anderes Wild) sich in der Dikkung hartnäckig halten,

[1] Der Begriff „Wildjagd“ hat seinen Ursprung im wesentlichen aus der Bezeichnung „Wild“ für Rot- und Dam-Kahlwild (auch „Mutterwild“ genannt) zur Erfüllung des Abschusses weiblichen Wildes auf „Winterjagden“ in größeren Hochwildrevieren. Bei diesen Jagden wurden auch Sauen und Füchse erlegt. Als Jagdwaffe wurde die Doppelbüchse, die Repetierbüchse oder der Doppelbüchsdrilling geführt.

Dritte Phase: Wieder Vorwärtsgehen mit dem Ziel, den gesamten Riegelbezirk wildleer zu treiben. Die Hauptarbeit leisten die Hunde.

Die übrigen Riegelgruppen, die zusammen das Treiben bilden, handeln in der gleichen Weise zur gleichen Zeit, so daß das Wild von einem Bezirk in den anderen und auch wieder zurückwechselt. Zunächst ziehen oder trollen die Rotten und Rudel aus den Einständen, verhoffen und flüchten natürlich auch auf bestimmten Wechseln (es sind andere als die, die zur gewohnten Äsungsaufnahme führen). Durch das Hin und Her zwischen den Riegelbezirken werden Rotten gesprengt, und es wird dadurch erreicht, daß Einzelstücke verhoffen, gewissermaßen aus Ratlosigkeit über die Beunruhigung an vielen Stellen des Treibens.

Für die Schützen (es sollten möglichst nicht mehr als 12–16 sein) sind an den Hauptwechseln Stände vorbereitet, die als Schirme oder 1–2 m hohe Kanzeln (nicht höher) hergerichtet sind, und in denen zwei Personen bequemen Platz haben. Die Stände (es sind vielfach Fernwechselstände), müssen so plaziert sein, daß man das Wild anwechseln sieht und dabei gut ansprechen kann. Wenn möglich, erhält jeder Schütze einen erfahrenen Begleiter, der den Stand und die Wildwechsel genau kennt. Der Begleiter soll mit seinem Jagdgast selbständig und unabhängig von anderen seinen Stand aufsuchen und nach dem Treiben auch wieder verlassen. Die Stände stehen in der Regel so weit auseinander, daß sich die Schützen nicht sehen, aber auch nicht gefährden können. Der Begleiter kann mit Fernglas das anwechselnde Wild sorgfältig ansprechen und seinen Gast beraten, was erlegt werden soll.

Beispiel: „Achtung, von rechts kommt eine Rotte Überläufer, das zweite Stück ist sehr gering, bitte dieses zuerst schießen ...“ Verendet das Stück nicht sogleich, so ist der Begleiter verpflichtet, mitzuhelfen, einen Fangschuß anzutragen. Bei diesem Verfahren wird sorgfältiger geschossen, es sind weniger Nachsuchen erforderlich, und – was besonders wichtig ist – man kann sogar selektieren, also in der Rotte, im Rudel ein abschußnotwendiges Stück vor einem anderen auswählen.

Der Begleiter hat außerdem den Auftrag, das erlegte Wild zu versorgen, an einen Weg zu ziehen, wenn notwendig Anschüsse zu verbrechen und alle Einzelheiten über die Ergebnisse an dem betreffenden Stand der Jagdleitung zu berichten.

Inzwischen hat sich der Brauch bewährt, am Anschußbruch signalrotes Krepp-Papier zu befestigen, das für den Nachsuchenden weit sichtbar ist. Außerdem kann man an der Stelle, wo das erlegte Wild vom Wildwagen aufgenommen werden muß, weißes Krepp-Papier an einen Hauptbruch oder an eine geeignete Stelle binden. Diese gewiß überraschende neue Regelung erleichtert und beschleunigt aber den Transport des Wildes zum Streckenplatz.

Diese Beispiele des roten und weißen, an gerechte Brüche gebundenen Krepp-Papiers zeigen eine einfallsreiche praxisgerechte Fortentwicklung des Brauchtums, die vielleicht manchen orthodox eingestellten Jäger verblüffen mag, aber letztlich zur Einsicht bewegen muß, wenn er aus eigener Erfahrung die Zweckmäßigkeit erkennt.

Vorstehtreiben

Im großen und ganzen gilt hier sinngemäß das für die Waldtreibjagd Gesagte. Diese Feldtreibjagden gelten in erster Linie dem Hasen, aber auch dem anderen vorkommenden Niederwild – mit Ausnahme des Rehwildes. Geschossen wird ausschließlich mit Schrot, wobei die Mitnahme von Flintenlaufgeschossen bei Vorkommen von Schwarzwild ratsam sein kann. Die Schützen werden lediglich an der Stirnseite des Treibens, möglichst nicht freistehend, postiert. Jeder Jäger sollte dabei beiderseits mindestens 30 m Schußfeld haben. Nach dem Anblasen darf solange in das Treiben geschossen werden, bis die Treiberwehr auf etwa 350 m (Gefahrenzone Schrotschuß) herangekommen ist. Danach ist nur noch nach außen zu schießen.

Eine gute Organisation dieser Feldjagden zeigt sich, wie auch bei allen anderen Gesellschaftsjagden darin, daß die Treiber dann sofort mit ihrer Arbeit beginnen, wenn die Schützen ihren Stand eingenommen haben. Wichtig ist bei der Vorbereitung die Berücksichtigung der Windrichtung: Die Treiber sollten nicht gegen, sondern mit dem Wind vorgehen. Die Treiberwehr, geleitet von einem ortskundigen Obertreiber, geht dann langsam vor, wobei häufig die beiden Flügel etwas vorgezogen werden. Es kommt weniger auf die Lautstärke als vielmehr auf die Disziplin der Treibenden an. Lautere Phasen wechseln sich mit leiseren ab, wobei der Obertreiber auch immer wieder zum Verharren (Signal: Das Ganze – Halt) und Ausrichten auffordert. Die sogenannte Sackbildung ist, wie auch beim Kesseltreiben, tunlichst zu vermeiden, da Wild genau diese Schwachstellen zum Ausbrechen nutzt.

Unter Umständen werden auch Jäger aufgefordert, die Treiberwehr zu verstärken. Der Jagdleiter muß dann entscheiden, ob und was diese treibenden Jäger schießen dürfen. Erlegtes Wild ist von den Treibern aufzunehmen, Hasen und Kaninchen auszudrücken. Krankgeschossenes Wild ist waidgerecht abzuschlagen. Wegen der möglichen Verlorensuchen ist grundsätzlich eine genügende Anzahl erfahrener Jagdhunde mitzuführen. Die Art des Hundeeinsatzes wird vom Jagdleiter bestimmt.

Kesseltreiben

Kesseltreiben werden fast ausschließlich auf dem Feld, jedenfalls in übersichtlichem Gelände durchgeführt. Sie dienen der großflächigen Bejagung des Hasen – je nach Vorkommen auch Fuchs, Kaninchen und Fasan.

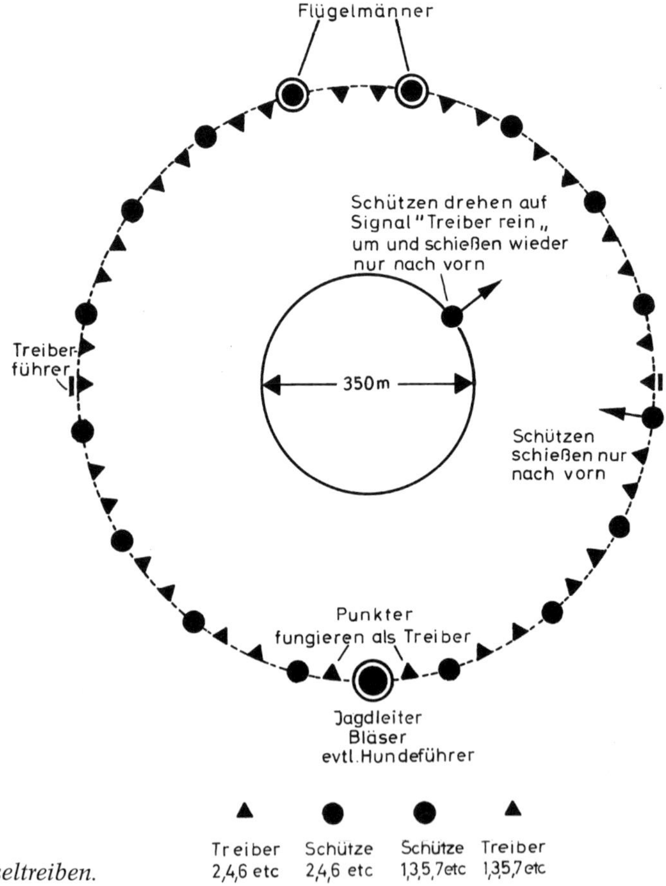

Kesseltreiben.

Eine sorgfältige Vorbereitung ist deshalb notwendig, weil der Umfang des Kessels mit dem zu bejagenden Raum und der Anzahl der Schützen und Treiber abgestimmt werden muß. Wenn möglich, sollten bei einem Kesseltreiben mehr Treiber als Schützen teilnehmen. Der Jagdleiter muß für das Auslaufen des Kessels die Abstände der Schützen und Treiber berechnen. Beispiel: Ist der Durchmesser des Kessels 1 km groß und stehen 15 Schützen sowie 45 Treiber zur Verfügung, so müßte der Abstand von Mann zu Mann 50 m betragen; mithin ist die Entfernung von Schütze zu Schütze 200 m. Von der Ablaufstelle – und darauf kommt es an – sollte auf 50 m sowohl nach links als auch nach rechts ein Zeichen (Pfahl oder auch ein Treiber als Punkter„Point") aufgestellt werden, der für den entsprechenden Halbkreis maßgebend ist. Vorweg gehen jeweils Flügelmänner (mit je einem Treiber), die den Umfang des Kessels im Gelände genau kennen.

Jeder Teilnehmer hat sich an die Fußspuren des Vorgängers zu halten, damit keine Einbuchtungen im Kesselumfang entstehen. Sobald die Spitzenführer (bzw. deren begleitende Treiber) auf etwa 50 m zusammengetroffen sind, bleibt alles stehen, macht eine Wendung zur Kesselmitte, und auf das Signal „Anblasen" dürfen die Schützen ihre Flinte laden. Nun geht alles auf die Mitte des Kessels zu, der allmählich enger wird. Es muß darauf geachtet werden, daß die Schützenlinie ausgeglichen rund bleibt und keine „Säcke" entstehen. Die anlaufenden und nach hinten durchbrechenden Hasen werden beschossen, nicht aber die, die in den Kessel flüchten. Wenn dann der Kessel etwa 350 m im Durchmesser eng geworden ist, wird „Treiber rein" geblasen; dann darf nicht mehr in das Treiben hinein geschossen werden. Die Schützen drehen sich um, mit Blickrichtung weg vom Kessel. Die Treiber gehen bis in die Mitte des Kessels vor, der Jagdleiter läßt abblasen („Hahn in Ruh"), das Treiben ist beendet.

Von der Jagdleitung her müssen klare Anweisungen gegeben werden, wie sich die Schützen und Treiber zu verhalten haben: ob z. B. nach dem Signal „Treiber rein" noch Hunde geschnallt werden dürfen und wie ein Kesseltreiben abläuft, wenn auf großem Durchmesser z. B. von zwei Seiten aus abgestellt wird. In einem solchen Fall gab der Jagdleiter seine Anweisungen früher zu Pferde und sorgte von hier aus für einen geordneten Ablauf.

Des Jägers Lied

Es lebe, was auf Erden stolziert in grüner Tracht:
die Wälder und die Felder, die Jäger und die Jagd.

Wie lustig ist's im Grünen, wenn's helle Jagdhorn schallt,
wenn Hirsche und Rehe springen, wenn's blitzt
und dampft und knallt.

Im Walde bin ich König, der Wald ist Gottes Haus,
da weht sein starker Odem lebendig ein und aus.

Ein Jäger will ich bleiben, so lang die Tannen grün,
mein Mädchen will ich küssen, so lang die Lippen glüh'n.

Komm, Kind, mit mir zu wohnen im freien Waldrevier,
auf immergrünen Zweigen bau ich ein Hüttchen Dir.

Dann steig ich nimmer wieder ins graue Dorf hinab,
im Walde will ich leben, im Walde grabt mein Grab!

(Wilhelm Müller, 1822)

Literatur

Von der zahlreichen, herangezogenen Literatur ist nur eine Auswahl angegeben

Adam, A.: Im grünen Wald ein Blick zum Himmel, Verlag Paul Parey, Hamburg und Berlin 1979.

Behnke, H.: Jagdbetriebslehre, 4. Aufl., Verlag Paul Parey, Hamburg und Berlin 1983.

Beurmann, A.: Der Aberglaube der Jäger, Verlag Paul Parey, Hamburg und Berlin 1961.

Bistram, J. B. v.: St. Hubertus, Neue Beiträge zur Geschichte des Patrons der Jagd (Vortrag, CIC 1976).

Brander, M.: Die Jagd von der Urzeit bis heute, BLV-Verlag, München 1972.

Clewing, C.: Musik und Jägerei, Verlag J. Neumann, Neudamm u. Bärenreiterverlag, Kassel-Wilhelmshöhe 1937.

Diezels Niederjagd, 23. Aufl., Verlag Paul Parey, Hamburg und Berlin 1983.

Frevert, W., Bergin, K.: Die gerechte Führung des Schweißhundes, 6. Aufl. Verlag Paul Parey, Hamburg und Berlin 1983.

Frevert, W.: Wörterbuch der Jägerei, 5. Aufl., Verlag Paul Parey, Hamburg und Berlin 1992.

Fuchs, G.: Steirischer Jägerbrauch, Graz 1952.

Hebenstreit, B.: Jagdliches Brauchtum in Vergangenheit und Gegenwart, Hubertusverlag, Wien 1977.

Jacob, H.: Anleitung zum Jagdhornblasen, 9. Aufl., Verlag Paul Parey, Hamburg und Berlin 1994.

Lemke, K., Stoy, F.: Jagdliches Brauchtum, Deutscher Landwirtschaftsverlag, Berlin 1977.

Lindner, K.: Jagd, Verteidigung und Definition, R. Habeltverlag, Bonn 1978.

Lindner, K.: Weidgerecht, Herkunft, Geschichte und Inhalt, R. Habeltverlag, Bonn 1979.

Lindner, K.: 350 Jahre höfische Jagd im südwestdeutschen Raum, Zeitschr. f. Agrargesch. u. Agrarsoz., H. 1, April 1978, DLG-Verlag, Frankfurt/M.

Lindner, K.: Alte deutsche Weidsprüche, Festschrift für Gerh. Eis, Fachliteratur des Mittelalters, Stuttgart 1968.

Lindner, K.: Zur Sprache der Jäger, Zeitschrift für deutsche Philologie, Bd. 85 u. 86.

Meinz, M.: Die Jagd in der Kunst, in 5 Kassetten, Verlag Paul Parey, Hamburg und Berlin 1964–1968.

Menzel, J., Schulte, J.: Jagdarten auf Hoch- und Niederwild, Landbuch-Verlag, Hannover 1993.

Nüsslein, F.: Jagdkunde, 9. Aufl., BLV-Verlag, München 1977.

Paffrath, A.: Die Legende vom Heiligen Hubertus, 2. Aufl., Verlag Paul Parey, Hamburg und Berlin 1979.

Pocci, F., Richter; Scherer, G.,: Alte und neue Jägerlieder mit Bildern und Singversen (Reprint). Verlag W. Ludwig, Pfaffenhofen 1978.

Raesfeld, F. v.: Das Deutsche Waidwerk, 14. Aufl., Verlag Paul Parey, Hamburg und Berlin 1980.

Raesfeld, F. v.: Das Rehwild, 9. Aufl., Verlag Paul Parey, Hamburg und Berlin 1985.

Raesfeld, F. v.: Das Rotwild, 9. Aufl., Verlag Paul Parey, Hamburg und Berlin 1988.

RÖHRIG, F.: Das Waidwerk in Geschichte und Gegenwart, Verlag Athenaion, Potsdam.
SCHULZE, H.: Der waidgerechte Jäger, 20. Aufl., Verlag Paul Parey, Hamburg und Berlin 1974.
STAHL, D.: Vom jagdlichen Brauchtum in der Praxis, DJV-Kulturausschuß, Bonn, 1993.
STIEF, R.: Die deutschen Jagdsignale, F. C. Mayer-Verlag, München 1969.
STIEF, R.: Historische Fanfaren und Vortragsstücke, BLV-Verlag, München 1978.
Die Jagdsignale. Offizielle Jagdsignale des DJV, 5. Aufl., Verlag Paul Parey, Hamburg und Berlin 1987.